NOMINIERT FÜR DEN
DEUTSCHEN JUGENDLITERATURPREIS

PIOTR KARSKI, GEBOREN 1987
IN WARSCHAU, STUDIERTE
GRAFIKDESIGN AN DER
KUNSTAKADEMIE WARSCHAU.
ER SCHREIBT UND ILLUSTRIERT
BÜCHER FÜR KINDER UND
WURDE DAFÜR INTERNATIONAL
MEHRFACH AUSGEZEICHNET.
BISLANG ERSCHIEN VON IHM
IM MORITZ VERLAG „BERGE!
DAS MITMACHBUCH FÜR
GIPFELSTÜRMER".

PIOTR KARSKI

MEER!

DAS WISSENS- UND MITMACHBUCH

AUS DEM POLNISCHEN VON MARLENA BREUER

MORITZ VERLAG
FRANKFURT AM MAIN

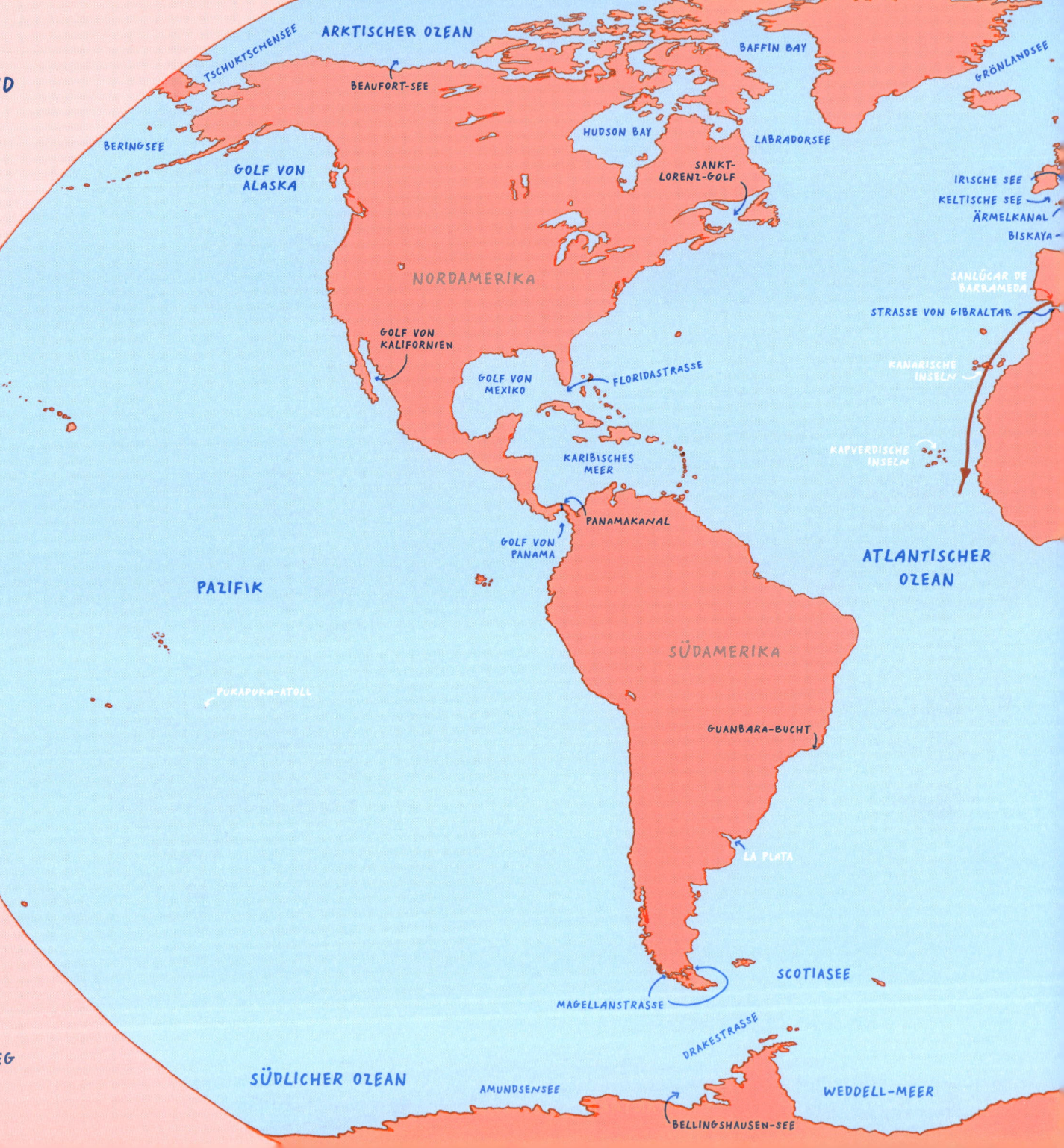

IM JAHRE 1519 MACHTE SICH DER PORTUGIESISCHE SEEFAHRER FERDINAND MAGELLAN MIT FÜNF SCHIFFEN

AUF DIE REISE UM DIE WELT.

DIE MANNSCHAFT BESTAND AUS ÜBER 200 MÄNNERN. DIE EXPEDITION ENDETE 1522. NUR EIN EINZIGES SEGELSCHIFF, DIE "VICTORIA", KEHRTE MIT 18 PERSONEN AN BORD NACH SPANIEN ZURÜCK.

DIE KARTE IM BUCH STELLT DIE WELT HEUTE DAR. ZEICHNE MIT EINER ROTEN LINIE MAGELLANS EXPEDITIONSROUTE EIN.

ZEICHNE MIT EINER ANDEREN FARBE DEN HEUTE KÜRZESTEN SEEWEG VON HAMBURG AUS UM DIE WELT. BENUTZE DABEI SOWOHL DEN PANAMAKANAL WIE DEN SUEZKANAL.

DER SUEZKANAL WURDE 1869 ERÖFFNET, DER PANAMAKANAL 1914. BEIDE VERKÜRZEN DEN WEG FÜR DIE SCHIFFE UM TAUSENDE KILOMETER.

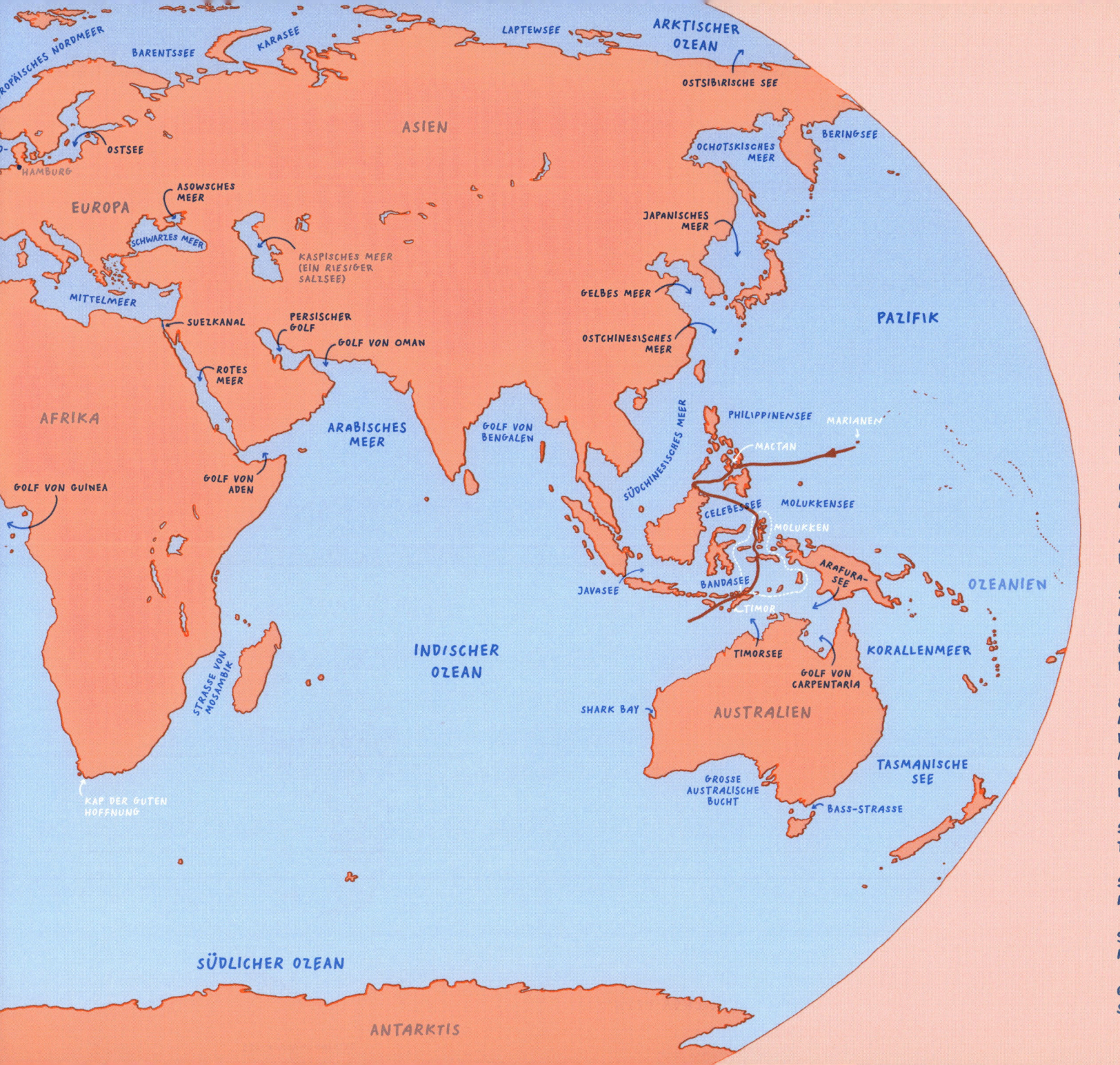

Alle Meere und Ozeane auf der Welt bilden zusammen das

WELTMEER.

Es bedeckt über 70% der Oberfläche unseres Planeten und nimmt 99% des zum Leben geeigneten Raums ein.

STELL DIR VOR, DER GANZE ZUM LEBEN GEEIGNETE RAUM AUF DER ERDE SIND DIESE ZWEI SEITEN.

DIESER KREIS IST DIE LANDFLÄCHE. ZEICHNE SO VIELE PFLANZEN, TIERE UND MENSCHEN HINEIN, WIE DU KANNST.

DER REST IST DAS WELTMEER. IN DIESEM BUCH WIRST DU VIELE SEINER BEWOHNER KENNENLERNEN. ZEICHNE SIE HIER.

DREHE SEILE

FÜR SCHIFFE.
BENUTZE DAFÜR EINEN PINSEL ODER EINEN STIFT MIT BREITER SPITZE, ZUM BEISPIEL EINEN WACHSSTIFT ODER EINEN DICKEN FILZSTIFT. MALE JEDEN STRANG IN EINER ANDEREN FARBE.

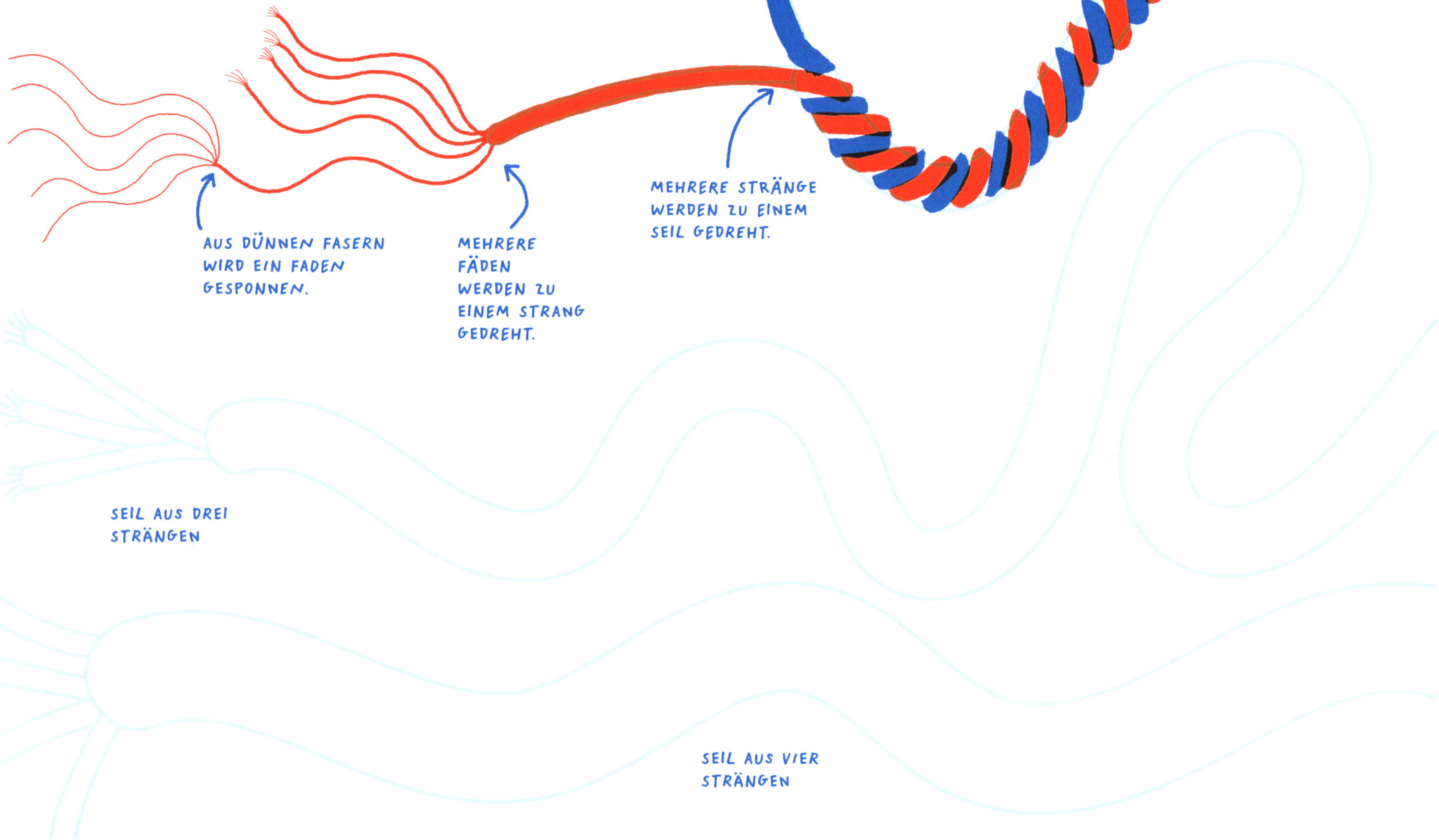

SEIL AUS ZWEI STRÄNGEN

MEHRERE STRÄNGE WERDEN ZU EINEM SEIL GEDREHT.

MEHRERE FÄDEN WERDEN ZU EINEM STRANG GEDREHT.

AUS DÜNNEN FASERN WIRD EIN FADEN GESPONNEN.

SEIL AUS DREI STRÄNGEN

SEIL AUS VIER STRÄNGEN

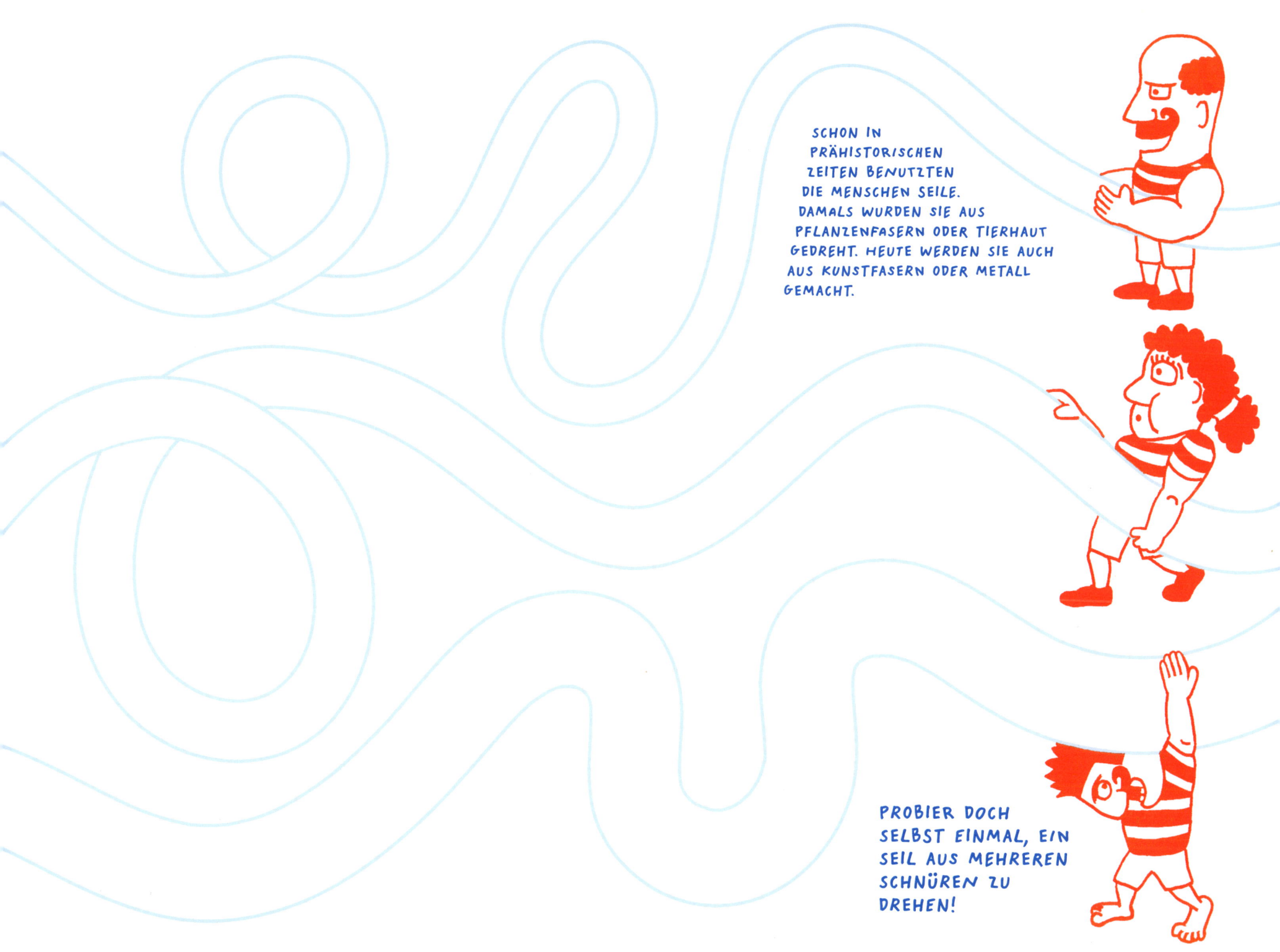

SCHAU DIR DIE WICHTIGSTEN

SEEMANNSKNOTEN

AN UND LERNE, WIE MAN SIE MACHT.

DIESE KNOTEN SIND NICHT NUR AUF SEGELSCHIFFEN ODER JACHTEN NÜTZLICH. DU KANNST SIE AUCH BEIM SPIELEN EINSETZEN.

DER ACHTKNOTEN IST EIN VERBESSERTER GEWÖHNLICHER KNOTEN. WENN EIN SEIL DURCH EIN KLEINES LOCH GEFÜHRT WIRD, MACHT MAN IHN AM ENDE DES SEILS. SO KANN ES NICHT HERAUSRUTSCHEN.

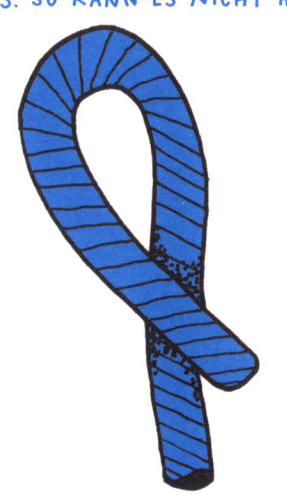 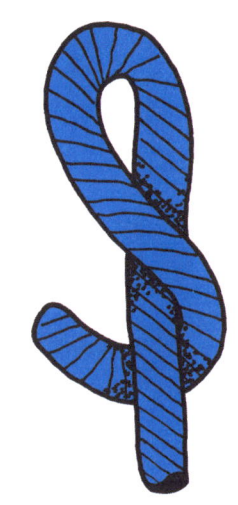 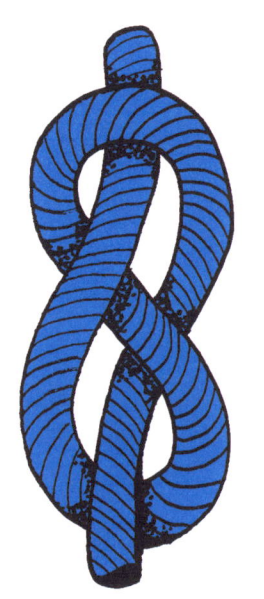 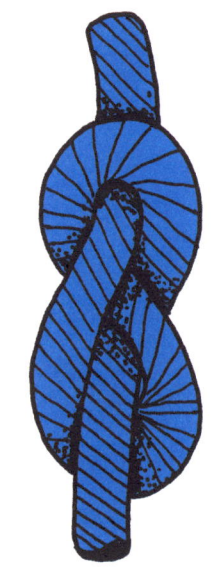

DER ANKERSTEK MIT HALBEM SCHLAG: DAMIT BEFESTIGST DU ALLES, WAS EINEN RING HAT, ZUM BEISPIEL DEN ANKER, EINEN EIMER ODER DEN SCHLITTEN.

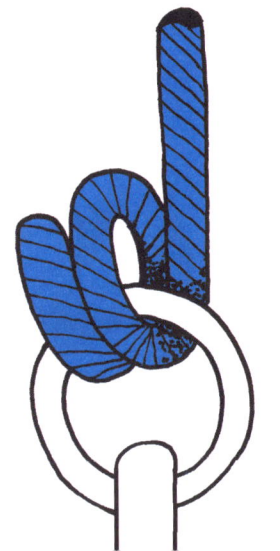   

DER SPIERENSTICH IST EIN EINFACHER, ABER SEHR STARKER KNOTEN. MIT IHM VERBINDEST DU ZWEI SEILE ODER ZWEI SEILSTÜCKE, WENN DAS SEIL GERISSEN IST.

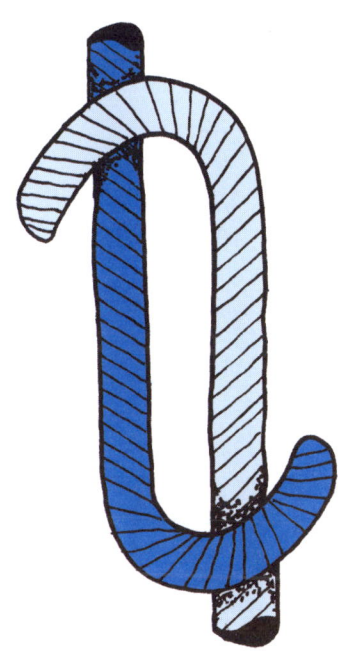 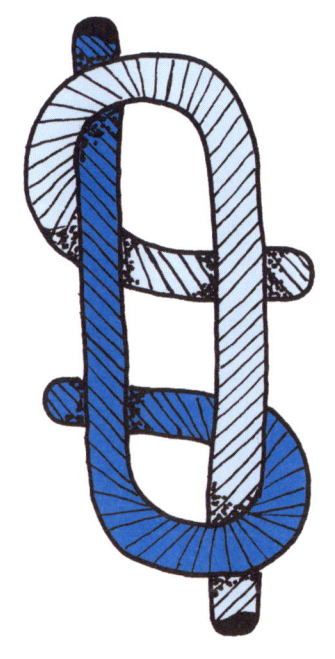  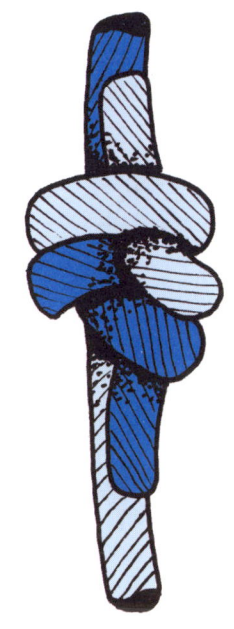

MIT DEM PALSTEK (RETTUNGSKNOTEN) KANN EINE PERSON AUS DEM WASSER GEHOLT WERDEN. LERNE IHN ZU KNOTEN, OHNE AUF DIE HÄNDE ZU SCHAUEN.

WENN DU VOM SCHIFF INS WASSER FÄLLST, WIRFT DIR JEMAND EIN SEIL ZU. ERGREIFE SEIN ENDE MIT DER LINKEN HAND. ABER LASS ES AUF KEINEN FALL LOS!

LEGE DAS SEIL UM DEINE TAILLE.

MIT DER RECHTEN HAND MACHST DU DEN KNOTEN.

PASS AUF, DASS SICH DAS SEIL NICHT UM DEIN HANDGELENK WICKELT!

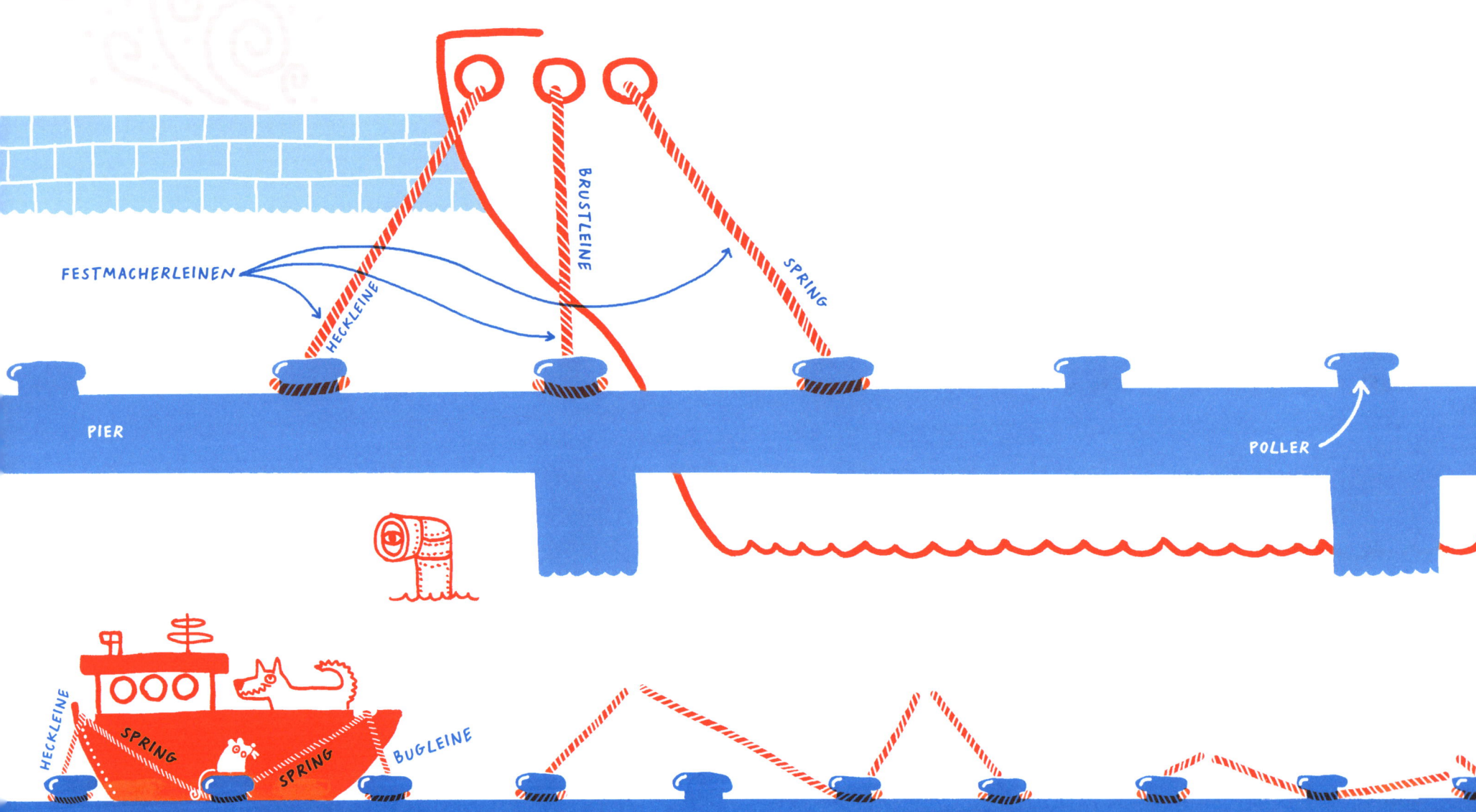

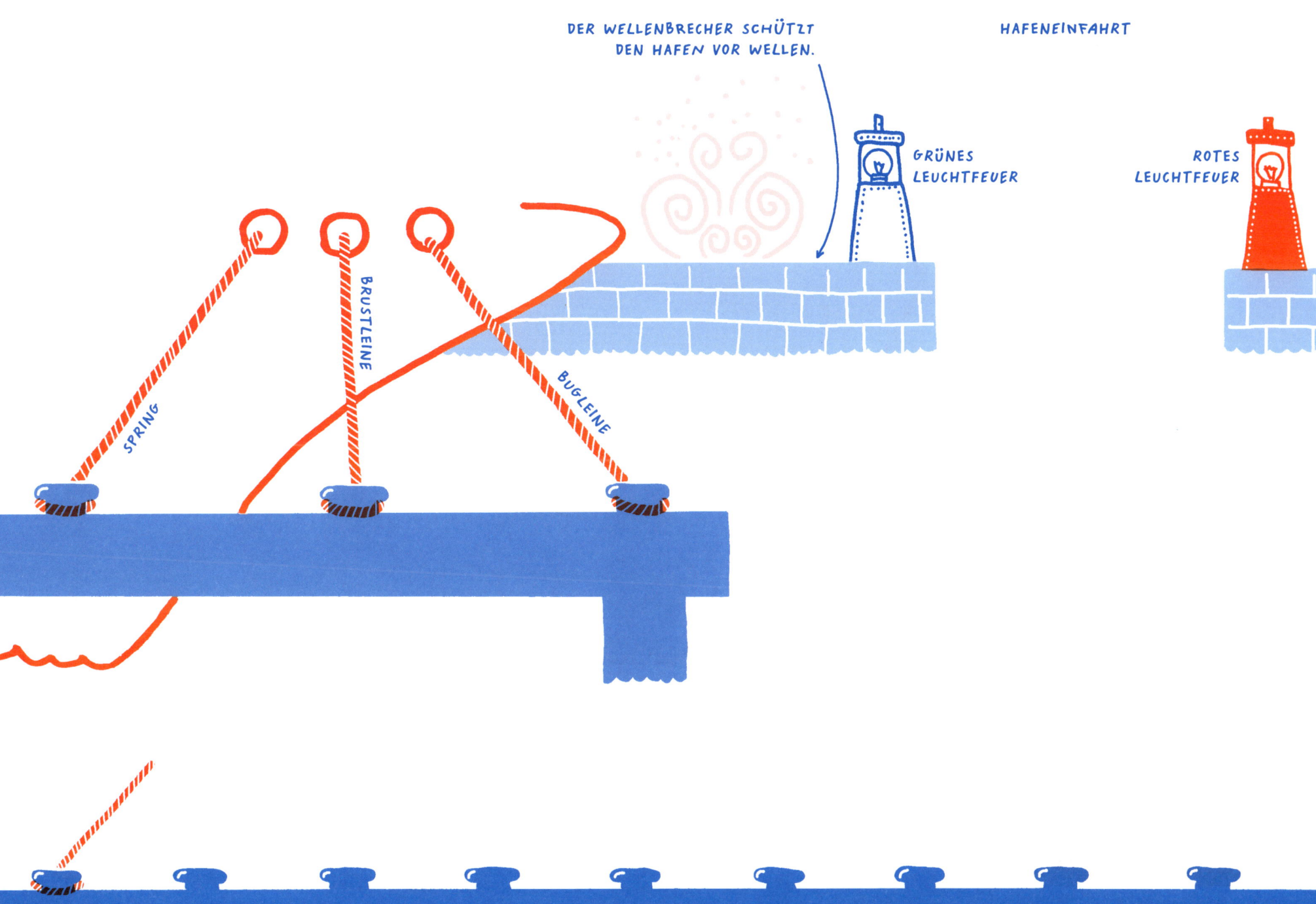

VERANSTALTE EINE
FUSSBODENREGATTA.

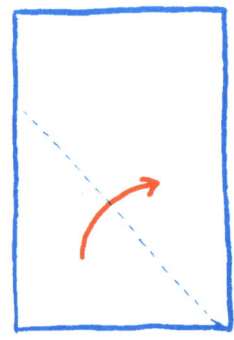

1. FALTE EIN BLATT PAPIER SO, DASS DER UNTERE RAND AN DER SEITE ANLIEGT.

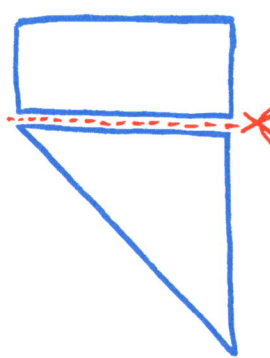

2. SCHNEIDE DAS ÜBERSTEHENDE STÜCK AB.

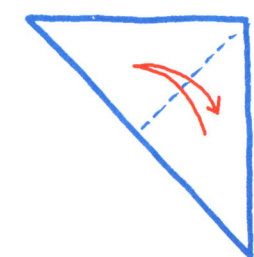

3. FALTE DAS DREIECK IN DER MITTE UND FALTE ES WIEDER AUSEINANDER.

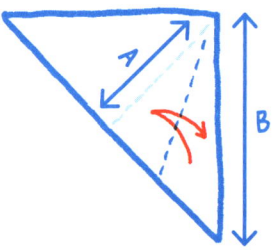

4. FALTE DIE SEITE B ZUR MITTE A. FALTE ES WIEDER AUSEINANDER.

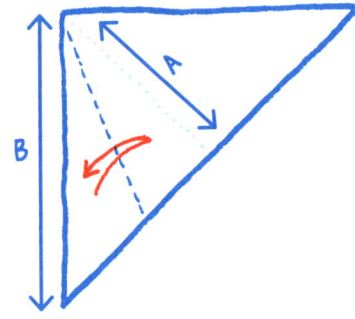

5. WENDE DAS DREIECK. FALTE ES NOCH EINMAL WIE IN PUNKT 4. FALTE ES DANN WIEDER AUSEINANDER.

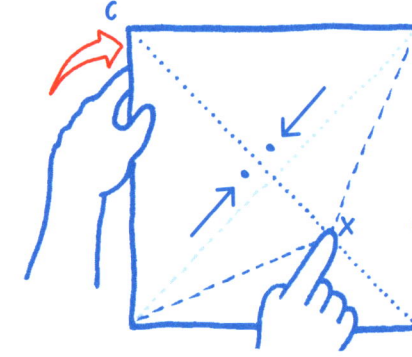

6. FALTE DAS GANZE BLATT AUSEINANDER UND WENDE ES. DRÜCKE MIT DEM FINGER AUF DEN PUNKT X. HEBE DIE ECKE C NACH OBEN UND DRÜCKE DIE BEIDEN PUNKTE NEBEN DEM KNICK ZUSAMMEN. SO ENTSTEHEN DIE SEGEL.

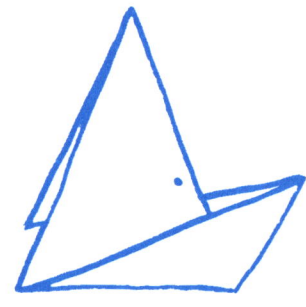

7. KNICKE DIE BORDWÄNDE UND DRÜCKE DIE KNICKE UNTEN AM RUMPF ZURECHT.

8. MALE DEN RUMPF AN. AUF DAS SEGEL SCHREIBST DU DEINEN NAMEN UND DIE NUMMER DER JACHT.

STELLE DAS SEGELSCHIFF AUF DEN BODEN. WENN DU VON HINTEN IN DIE SEGEL PUSTEST, KANNST DU VORWÄRTS FAHREN ODER KURVEN SEGELN.

STELLE VIER TASSEN SO AUF DEN BODEN, WIE ES AUF DER ZEICHNUNG DARGESTELLT IST. DAS SIND DIE REGATTABOJEN.

REGELN:

1. PUSTE IN DIE SEGEL UND SEGLE DIE STRECKE NACH, DIE AUF DER ZEICHNUNG BLAU MARKIERT IST. STOPPE DIE ZEIT UND TRAGE SIE IN DIE TABELLE UNTEN EIN.

2. WENN DU AUF DER FALSCHEN SEITE AN DEN BOJEN VORBEIFÄHRST, DREHE UM UND FAHRE AN DER RICHTIGEN SEITE VORBEI.

3. WENN DEIN SEGELBOOT UMKIPPT, STELLE ES WIEDER AUF, WARTE DREI SEKUNDEN UND FAHRE DANN WEITER.

4. ALLE MITSPIELER FAHREN DIE STRECKE NACHEINANDER AB UND SCHREIBEN IHRE ZEIT IN DIE TABELLE. JEDER FÄHRT ZWEI RUNDEN.

5. DIE SUMME DER BEIDEN FAHRTEN WIRD IN DIE LETZTE TABELLENSPALTE EINGETRAGEN.

6. DER TEILNEHMER MIT DER BESTEN ZEIT GEWINNT DIE REGATTA!

NUMMER DER JACHT	ZEIT IN DER ERSTEN RUNDE	ZEIT IN DER ZWEITEN RUNDE	SUMME	PLATZ

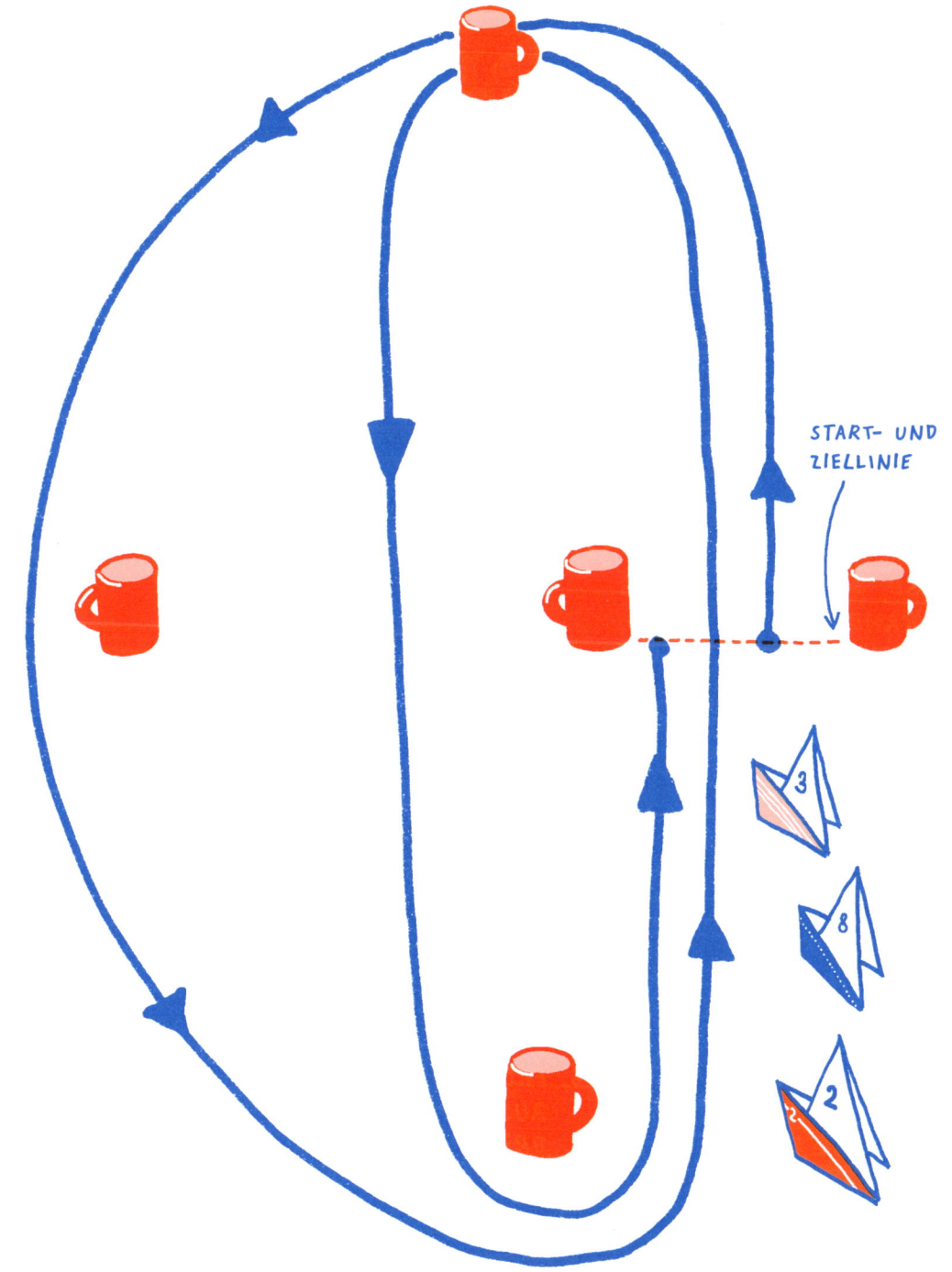

DIE NAMEN DER WOLKEN

DACHTE SICH VOR ÜBER 200 JAHREN DER ENGLÄNDER LUKE HOWARD AUS. SIE BESCHREIBEN, WIE DIE WOLKEN AUSSEHEN UND IN WELCHER HÖHE SIE ZU FINDEN SIND.

ZEICHNE UNTER DEM CUMULONIMBUS EIN GEWITTER MIT HAGEL UND BLITZEN UND UNTER DEM NIMBOSTRATUS EINEN WOLKENBRUCH. SCHNEIDE WEITERE CUMULUSWOLKEN AUS PAPIER AUS UND KLEBE SIE INS BUCH.

WOLKEN BESTEHEN AUS GANZ FEINEN WASSERTRÖPFCHEN, DIE IN DER LUFT GELAGERT SIND. IN DEN HÖHER GELEGENEN WOLKEN BEFINDEN SICH AUCH KLEINE EISTEILCHEN.

DAS BEOBACHTEN DER WOLKEN HILFT BEI DER WETTERVORHERSAGE. ZUM BEISPIEL KÜNDIGEN CIRRUSWOLKEN MEIST EINE WETTERVERSCHLECHTERUNG AN. CUMULUSWOLKEN GARANTIEREN GEWITTER, PLATZREGEN, HAGEL ODER SCHNEE.

CUMULONIMBUS
AUF DEUTSCH:
GEWITTERWOLKE

NIMBOSTRATUS
REGENWOLKE

HÖHE IN KILOMETERN

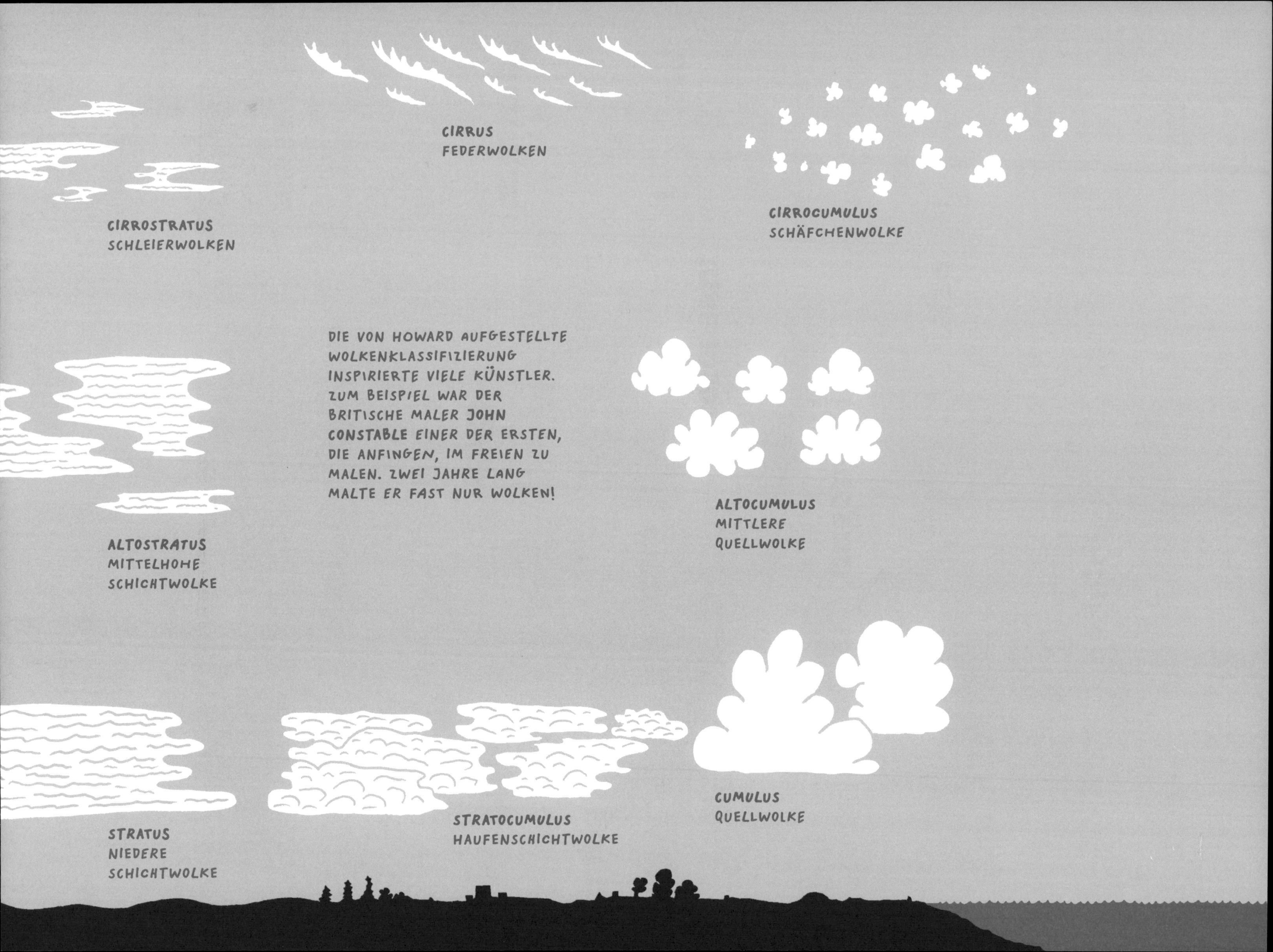

CIRRUS
FEDERWOLKEN

CIRROCUMULUS
SCHÄFCHENWOLKE

CIRROSTRATUS
SCHLEIERWOLKEN

DIE VON HOWARD AUFGESTELLTE WOLKENKLASSIFIZIERUNG INSPIRIERTE VIELE KÜNSTLER. ZUM BEISPIEL WAR DER BRITISCHE MALER JOHN CONSTABLE EINER DER ERSTEN, DIE ANFINGEN, IM FREIEN ZU MALEN. ZWEI JAHRE LANG MALTE ER FAST NUR WOLKEN!

ALTOCUMULUS
MITTLERE QUELLWOLKE

ALTOSTRATUS
MITTELHOHE SCHICHTWOLKE

STRATUS
NIEDERE SCHICHTWOLKE

STRATOCUMULUS
HAUFENSCHICHTWOLKE

CUMULUS
QUELLWOLKE

LEGE DICH IN DEN SAND ODER AUF EINE WIESE UND SCHAU DIR DIE WOLKEN AN. MALE DIE UNGEWÖHNLICHSTEN AUF. DENKE DIR NAMEN FÜR SIE AUS UND SCHREIBE DIESE UNTER DIE ZEICHNUNGEN.

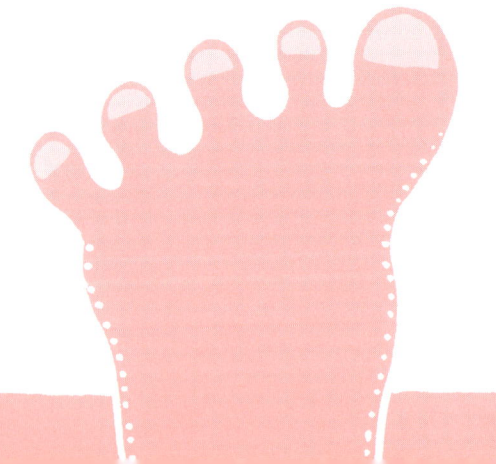

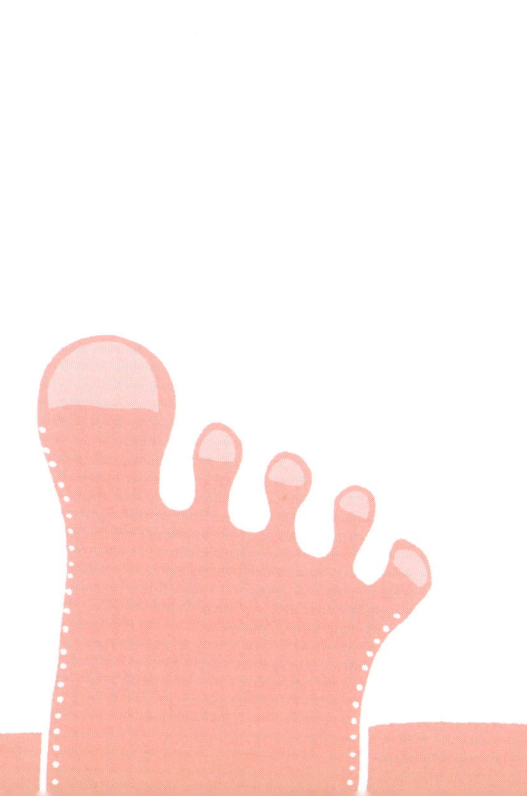

DIE FARBE DES MEERES

HÄNGT DAVON AB, WIE TIEF DAS WASSER IST, ABER AUCH DAVON, WIE VIEL SALZ ES ENTHÄLT, WELCHE BESTANDTEILE NOCH DARIN VORHANDEN SIND UND WIE SAUBER ES IST. VOR ALLEM ABER DAVON, WIE DIE SONNE STEHT UND OB ES BEWÖLKT IST.

SCHAUE NACH, WIE DIE UNTEN GENANNTEN FARBEN AUSSEHEN UND MALE DAS MEER ENTSPRECHEND AN.

DIE NORDSEE ENTHÄLT EIN BISSCHEN WENIGER SALZ ALS ANDERE OZEANE UND IST NICHT SEHR TIEF, ABER KALT UND RELATIV SAUBER. IN DER NORDSEE GIBT ES VIELE ALGEN, DIE DEM WASSER EINEN GRÜNLICHEN FARBTON VERLEIHEN.

| TÜRKIS | KOBALTBLAU | INDIGOBLAU | AZURBLAU | SAPHIRBLAU | KORNBLUMENBLAU |

DIE OSTSEE ENTHÄLT NOCH WENIGER SALZ ALS DIE NORDSEE UND IST EBENFALLS NICHT SEHR TIEF, ABER KALT UND SEHR VERSCHMUTZT. AUCH IN DER OSTSEE GIBT ES VIELE ALGEN, DIE DEM WASSER EINEN GRÜNLICHEN FARBTON VERLEIHEN.

WELCHE FARBE KANN EIN MEER NOCH HABEN? MALE DIE LETZTEN BEIDEN FELDER AN UND BESCHRIFTE SIE.

| GRAFITGRAU | MALACHITGRÜN | ULTRAMARIN | HIMMELBLAU | | |

SEGLE EINHAND UM DIE WELT.

PACKE DEINEN SEESACK. ZEICHNE ALLE DINGE HINEIN, DIE DU MITNIMMST.

AM 27. JUNI 1898 BEENDETE DER EHEMALIGE SEGELSCHIFFKAPITÄN JOSHUA SLOCUM DIE ERSTE SEGELREISE EINHAND (ALLEIN, OHNE CREW) RUND UM DIE WELT. SIE WAR DIE ERSTE REISE DIESER ART, DIE DOKUMENTIERT WURDE. SEINE JACHT „SPRAY" HATTE ER SELBST ZU EINEM SEGLER UM- UND AUSGEBAUT.

ER BEREITETE SICH SORGFÄLTIG AUF SEINE REISE VOR. AN BORD HATTE ER LEBENSMITTELVORRÄTE, EINE FISCHERAUSRÜSTUNG, EINE STARKE LATERNE, MIT DER ER NACHTS GUT SICHTBAR WAR, UND EINE KLEINE LAMPE, DIE IHM AUCH ZUM KOCHEN DIENTE. SOGAR EIN BEIBOOT HATTE ER DABEI, ER HATTE ES SELBST AUS DER VORDEREN HÄLFTE EINES ALTEN BOOTS GEBAUT.

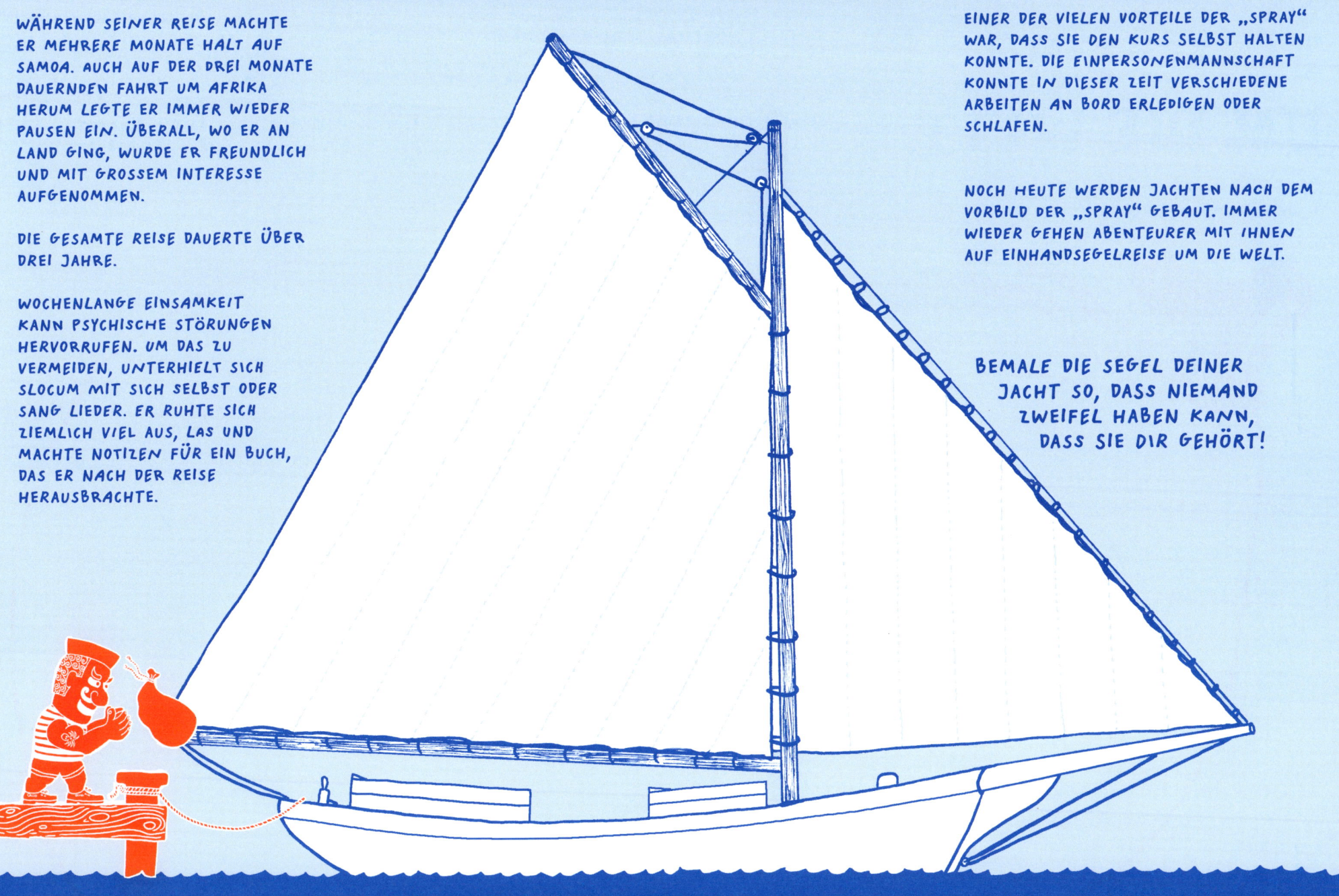

WENN KEIN WIND WEHT,
NENNT MAN DAS
FLAUTE.
DAS MEER IST DANN GLATT WIE EIN SPIEGEL.
ZEICHNE, WAS SICH IM WASSER SPIEGELT.

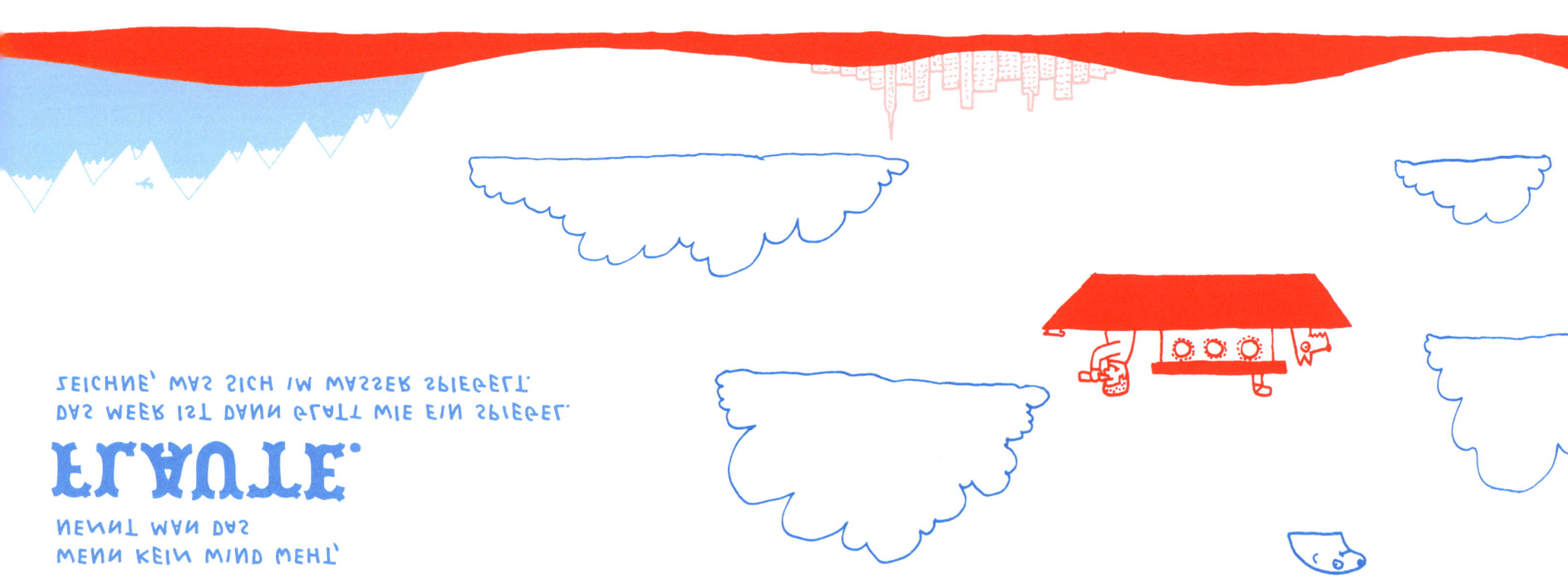

BEAUFORT-SKALA

DIESE SKALA HAT 13 ABSTUFUNGEN, DIE BESCHREIBEN, WIE STARK DER WIND WEHT. DIE WINDSTÄRKE WIRD DARAN GEMESSEN, WIE DIE WASSEROBERFLÄCHE AUSSIEHT UND WAS AN LAND PASSIERT.

ZEICHNE, WIE MEER UND LAND WÄHREND DER VERSCHIEDENEN STUFEN AUF DER SKALA AUSSEHEN.

1 LEISER ZUG

AUF DEM MEER BILDEN SICH SCHUPPENFÖRMIGE KRÄUSELWELLEN OHNE SCHAUMKÖPFE.

AN LAND BEWEGT SICH RAUCH AUS SCHORNSTEINEN GANZ LEICHT.

2 LEICHTE BRISE

GANZ KLEINE, KURZE WELLEN.

DIE BLÄTTER AN DEN BÄUMEN RASCHELN.

3 SCHWACHE BRISE

KLEINE, KURZE WELLEN.

BLÄTTER UND DÜNNE ZWEIGE BEWEGEN SICH.

4 MÄSSIGE BRISE	**5** FRISCHE BRISE	**6** STARKER WIND
Die Wellen werden länger. Auf den Wellenkämmen bilden sich Schaumkrönchen.	Mittlere Wellen mit weissen Schaumkämmen. Man hört lautes Rauschen.	Grosse Wellen mit Schaum auf den Kämmen.
Der Wind wirbelt Staub auf. Die Äste bewegen sich.	Kleine Bäume bewegen sich.	Dicke Äste schaukeln stark. Der Wind pfeift und reisst den Menschen die Mützen vom Kopf.

7 STEIFER WIND	**8** STÜRMISCHER WIND	**9** STURM
DIE SEE TÜRMT SICH. DER SCHAUM LEGT SICH IN STREIFEN.	DIE SEE IST AUFGEWÜHLT UND BRÜLLT. VON DEN WELLENKÄMMEN WIRD GISCHT WEGGESCHLEUDERT. DER SCHAUM LEGT SICH IN GUT SICHTBARE STREIFEN.	HOHE WELLENBERGE, DIE SEE ROLLT. DIE GISCHT BEEINTRÄCHTIGT DIE SICHT.
DIE BÄUME WIEGEN SICH, ES IST SCHWIERIG, GEGEN DEN WIND ZU LAUFEN.	BEIM AUTOFAHREN WIRD ES SCHWIERIG, IN DER SPUR ZU BLEIBEN.	DER WIND REISST DACHZIEGEL UND ANTENNEN AB. BEI OFFENEN FENSTERN ZERBRECHEN DIE SCHEIBEN.

10 SCHWERER STURM	**11** ORKANARTIGER STURM	**12** ORKAN
IMMER HÖHERE WELLEN. DAS MEER IST FAST WEISS VOM SCHAUM. DIE SICHT IST SEHR SCHLECHT.	RIESENGROSSE WELLEN. DAS MEER IST GANZ WEISS. MAN SIEHT FAST NICHTS MEHR.	GIGANTISCHE WELLEN. DIE LUFT IST VOLLER SCHAUM UND GISCHT. MAN SIEHT GAR NICHTS MEHR.
DER WIND REISST BÄUME MIT IHREN WURZELN AUS UND BESCHÄDIGT GEBÄUDE.	DER WIND ZERSTÖRT GANZE GEBÄUDE.	ABSOLUTE ZERSTÖRUNG!

Durch ein Unterwasserbeben oder den Ausbruch eines unter Wasser liegenden Vulkans kann ein

TSUNAMI,

also eine riesige Welle, entstehen.

Nimm so viele Buntstifte in die Hand, wie du halten kannst, und male die Welle!

Mitten im Ozean bewegt sich die Welle mit rasender Geschwindigkeit vorwärts (manchmal 900 Kilometer pro Stunde), aber normalerweise ist sie so niedrig, dass man sie überhaupt nicht bemerkt.

Wenn sie flacheres Wasser erreicht, wird sie langsamer, kann aber bis zu einer Höhe von 50 Metern anwachsen. Ein Tsunami kann mehrere Kilometer ins Land hineinfluten und verheerende Verwüstung anrichten.

ZEICHNE HÜGEL ÜBER DER STADT UND EINEN WEG FÜR DIE EVAKUIERUNG, DAMIT SICH ALLE BEWOHNER VOR DER KATASTROPHE IN SICHERHEIT BRINGEN KÖNNEN.

DIE GALIONSFIGUR

IST EINE SKULPTUR, DIE DEN BUG ALTER SEGELSCHIFFE SCHMÜCKT. SIE IST BUNT BEMALT UND OFT AUCH VERGOLDET.

STELL DIR VOR, DU UND DEINE FREUNDINNEN UND FREUNDE HABT JEDER EIN SEGELSCHIFF. ENTWIRF EINE GALIONSFIGUR FÜR JEDEN VON EUCH.

DIE WIKINGER, DIE ALTEN GRIECHEN UND DIE ÄGYPTER SCHMÜCKTEN DEN BUG IHRER BOOTE MIT MALEREIEN UND FIGUREN, ABER DIE KLASSISCHEN GALIONSFIGUREN VERBREITETEN SICH SPÄTER, VOR ETWA 500 JAHREN. MEISTENS STELLTEN SIE FRAUEN UND TIERE DAR. DAMALS GLAUBTE MAN, DASS SIE DAS SCHIFF VOR GEFAHREN SCHÜTZTEN. SIE ERLEICHTERTEN AUCH DIE UNTERSCHEIDUNG DER SEGELSCHIFFE IN ZEITEN, ALS DIE MEISTEN MENSCHEN NICHT LESEN KONNTEN UND IHNEN DIE AN DIE BORDWAND GEMALTEN NAMEN NICHTS SAGTEN.

VOLLENDE DIE

VERZIERUNG AM HECK

DES SCHWEDISCHEN SCHIFFS „VASA".

WENN JEMAND ANGEBEN WOLLTE, VERZIERTE ER AUCH DAS HECK (DAS HINTERE ENDE) SEINES SEGELSCHIFFS. DORT WURDEN REIHEN VON FENSTERN UND BALKONEN MIT LATERNEN UND FIGUREN ANGEBRACHT, DIE WAPPEN, MENSCHEN UND TIERE DARSTELLTEN, MANCHMAL AUCH FABELWESEN, ZUM BEISPIEL DRACHEN.

DAS SEGELSCHIFF „VASA" GEHÖRTE DEM SCHWEDISCHEN KÖNIG GUSTAV II. ADOLF. ES SOLLTE IM KRIEG GEGEN POLEN EINGESETZT WERDEN, GING ABER 1628 AUF SEINER ERSTEN FAHRT UNTER, NOCH BEVOR ES AUF DIE OFFENE SEE HINAUSGEFAHREN WAR. ES WURDE ERST 333 JAHRE SPÄTER GEBORGEN. HEUTE KANN MAN ES IN EINEM EIGENEN MUSEUM IN STOCKHOLM BESICHTIGEN.

MALE HIER DAS HECK DEINES SEGELSCHIFFS. DENK DIR ETWAS BESONDERES AUS, DAMIT ES NOCH UNGLAUBLICHER WIRD!

In früheren Zeiten glaubten die Seeleute, dass in den Tiefen des Meeres

MEERJUNGFRAUEN

wohnen. Also Wesen, die halb Frau, halb Fisch sind. Zu wem gehören deiner Meinung nach diese Schwänze? Zeichne, was dir einfällt.

Tätowierungen sind wichtiger Bestandteil vieler Kulturen. In Europa machte man sie schon in der Antike, aber später gerieten sie in Vergessenheit. Es heisst, vor etwa 300 Jahren habe die Besatzung von Kapitän Cook diese Körperbemalungstechnik von den Polynesiern erlernt und mit nach Europa gebracht.

Einer der berühmtesten Seemannstätowierer war der Amerikaner Norman Collins. Er arbeitete unter dem Pseudonym **Sailor Jerry**. Kunden aus aller Welt kamen in seine Werkstatt in Honolulu auf Hawaii. Sailor Jerry war selbst auch Seemann, und in seiner Freizeit spielte er Saxofon.

BAUE EINE SANDUHR!

DU BRAUCHST:
- ZWEI GLEICHE HALBLITERFLASCHEN
- EIN STÜCK KARTON
- EINE SCHERE
- BREITES KLEBEBAND (AM BESTEN DURCHSICHTIGES)
- FEINEN TROCKENEN SAND ODER SALZ

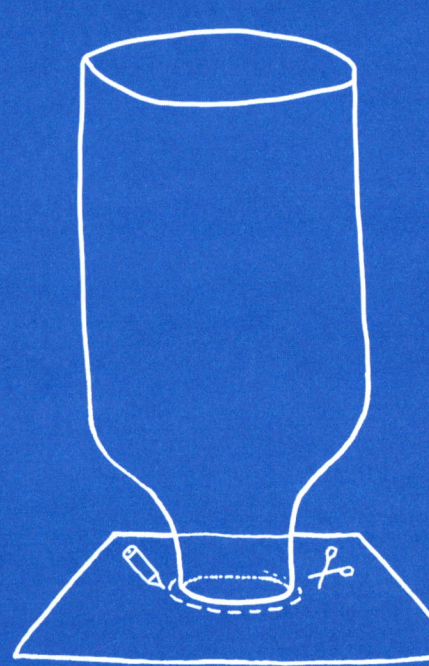

1. UMREISSE DEN FLASCHENHALS AUF DEM KARTON MIT EINEM STIFT UND SCHNEIDE DEN KREIS AUS.

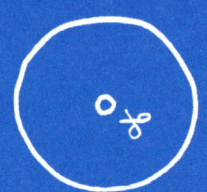

2. STICH EIN ZWEI MILLIMETER GROSSES LOCH IN DIE MITTE DES KREISES UND GLÄTTE SEINE KANTEN.

3. TROCKNE BEIDE FLASCHEN GRÜNDLICH AUS. IN DIE EINE FÜLLST DU SAND ODER SALZ, BIS SIE ETWA ZU ¾ GEFÜLLT IST.

ZWISCHEN DEM RAND DES KARTONSTÜCKS UND DEM FLASCHENRAND DARF KEINE LÜCKE SEIN!

4. DECKE DIE GEFÜLLTE FLASCHE MIT DEM KARTONKREIS ZU. STELLE DIE ZWEITE FLASCHE UMGEKEHRT DARAUF. KLEBE BEIDE FLASCHEN MIT KLEBEBAND ZUSAMMEN.

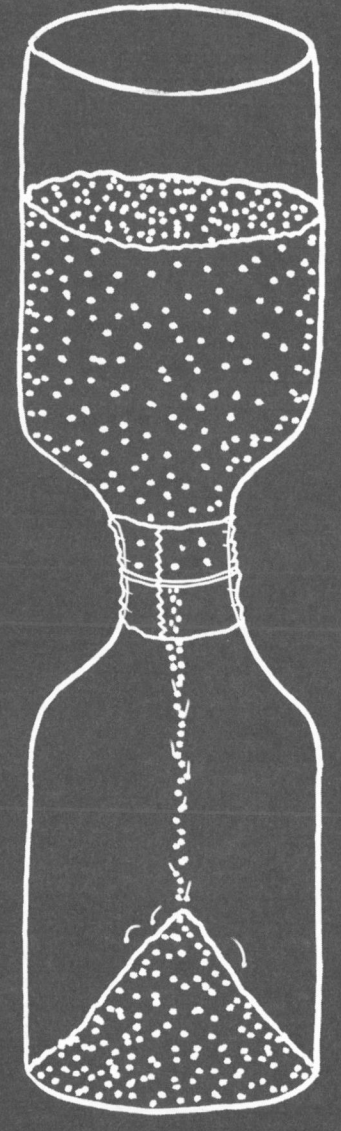

WENN SICH NACH 30 MINUTEN IN DER OBEREN FLASCHE IMMER NOCH SAND BEFINDET, LEGST DU DIE SANDUHR AUF DIE SEITE, NIMMST SIE AUSEINANDER UND LEERST DEN ÜBERFLÜSSIGEN SAND AUS DER OBEREN FLASCHE AUS. DANN KLEBST DU DIE FLASCHEN WIEDER ZUSAMMEN.

WENN DER GANZE SAND DURCH DAS LOCH GERIESELT IST, BEVOR 30 MINUTEN UM SIND, TAUSCHST DU DEN KARTONKREIS AUS UND STICHST EIN KLEINERES LOCH HINEIN. ODER DU FÜLLST MEHR SAND IN DIE FLASCHE.

5. DREHE DIE SANDUHR UM, SODASS SICH DIE MIT SAND GEFÜLLTE FLASCHE OBEN BEFINDET. STOPPE MIT EINER UHR 30 MINUTEN.

6. FERTIG. DU KANNST DIE SANDUHR NUN BENUTZEN, WENN DU ETWAS MACHEN MUSST, FÜR DAS DU VIEL ZEIT BRAUCHST. PLANE VORHER, WIE LANG DU BENÖTIGST, UND KONTROLLIERE JEDE HALBE STUNDE, OB DU NOCH IN DER ZEIT LIEGST.

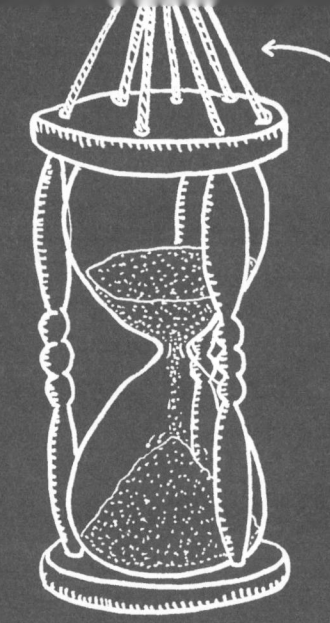

AUF SEGELSCHIFFEN WURDE DIE SANDUHR AN SEILEN AUFGEHÄNGT, DAMIT DER SAND AUCH BEI STARKER SCHRÄGLAGE UNGEHINDERT RIESELN KONNTE.

DIE MANNSCHAFT EINES SEGELSCHIFFS IST IN DREI ODER VIER GRUPPEN AUFGETEILT. DIESE GRUPPEN HEISSEN WACHE. ALLE VIER STUNDEN WECHSELN SIE SICH BEI DER ARBEIT AN BORD AB. DIESER VIERSTÜNDLICHE WECHSEL WIRD EBENFALLS WACHE GENANNT.

FRÜHER HAT MAN DIE WACHE MIT EINER SANDUHR GEMESSEN. JEDE HALBE STUNDE WURDE SIE UMGEDREHT. MIT EINER ENTSPRECHENDEN ANZAHL VON SCHLÄGEN AN EINE GLOCKE ZEIGTE MAN JEDES FOLGENDE UMDREHEN DER SANDUHR AN. DIESES SCHLAGEN DER GLOCKE WIRD IN DER SEEMANNSSPRACHE GLASEN GENANNT.

KLEINERE SANDUHREN WURDEN VERWENDET, UM DIE GESCHWINDIGKEIT ZU MESSEN. DADURCH KONNTEN DIE SEEFAHRER FRÜHER IHRE UNGEFÄHRE POSITION BESTIMMEN. HEUTE GIBT ES AUF DEN SCHIFFEN ANSTELLE DER SANDUHREN NATÜRLICH MODERNE UHREN, UND DIE POSITION WIRD MIT SATELLITEN-NAVIGATIONSSYSTEMEN BESTIMMT. DOCH WACHEN GIBT ES IMMER NOCH, UND AUF MANCHEN SCHIFFEN WERDEN SIE IMMER NOCH MIT GLASEN ANGEKÜNDIGT.

BAUE EIN LOG

UND MISS DAMIT DEINE GESCHWINDIGKEIT!

Das Log ist ein einfaches Messgerät, das aus einem Holzbrett, einer Haspel und einer Schnur angefertigt wird. In früheren Zeiten wurde es verwendet, um die Geschwindigkeit eines Schiffs zu messen.

Du brauchst:
- 100 Meter Schnur
- 1 Meter Garn
- Einen faustgrossen Stein
- Einen glatten Stab
- Eine Stoppuhr

Das kleine Holzbrett wird vom Heck ins Wasser geworfen und schwimmt dort, wo es hineingeworfen wurde, an der Oberfläche, während das Schiff weiterfährt.

Der Seemann mass 28 Sekunden mit der Sanduhr.

Die Schnur wickelte sich von der Spule ab.

KNOTEN

So sahen die Logs früher aus.

← 14,4 Meter →   ← 14,4 Meter →

1. Binde den Stein ans Ende der Schnur. Nimm anstelle des Steins ein Holzbrettchen, wenn du das Log verwenden möchtest, um die Geschwindigkeit eines Schiffs zu messen.

2. Miss auf der Schnur 14,40 Meter ab (vom Stein aus) und mache an dieser Stelle einen Knoten. Ziehe sie gut zu, damit sie nicht aufgeht.

3. Miss wieder 14,4 Meter ab und binde einen weiteren Knoten. Wiederhole das, bis die Schnur aufgebraucht ist.

4. Wickle die Schnur auf den Stab.

AUF DEM MEER WERDEN DISTANZEN IN SEEMEILEN UND DIE GESCHWINDIGKEIT IN KNOTEN GEMESSEN.

EINE SEEMEILE ENTSPRICHT ETWA 1.852 METERN.

WENN EIN SCHIFF IN EINER STUNDE EINE SEEMEILE ZURÜCKLEGT, FÄHRT ES MIT EINER GESCHWINDIGKEIT VON EINEM KNOTEN.

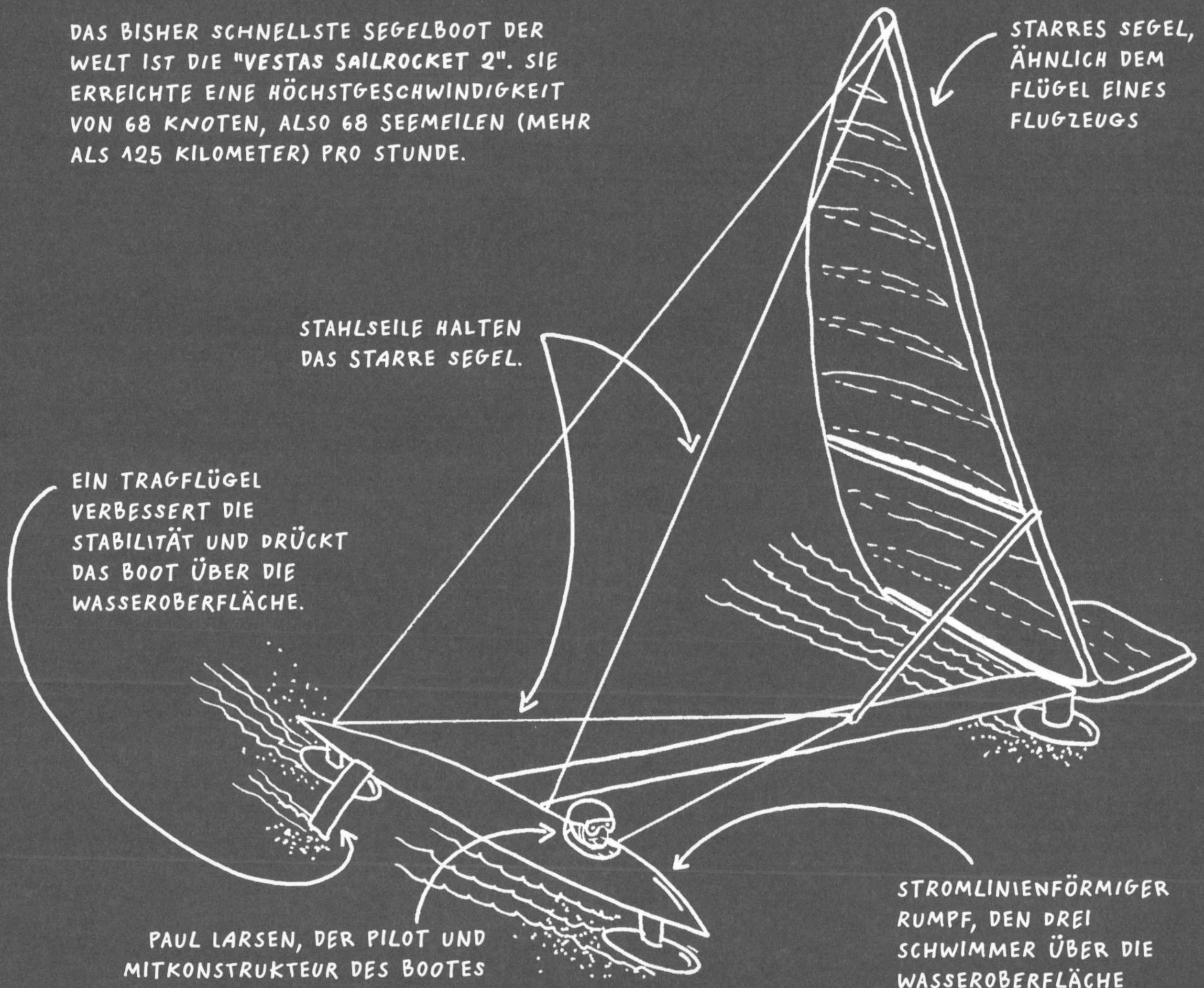

1 SEEMEILE VERHÄLT SICH ZU 1 STUNDE WIE 14,40 METER ZU 28 SEKUNDEN. WENN WIR ALSO MESSEN, WIE VIELE 14,40 METER LANGE ABSCHNITTE IN 28 SEKUNDEN VOM LOG ABGEWICKELT WERDEN, ERFAHREN WIR DIE GESCHWINDIGKEIT IN MEILEN PRO STUNDE.

DAS BISHER SCHNELLSTE SEGELBOOT DER WELT IST DIE "VESTAS SAILROCKET 2". SIE ERREICHTE EINE HÖCHSTGESCHWINDIGKEIT VON 68 KNOTEN, ALSO 68 SEEMEILEN (MEHR ALS 125 KILOMETER) PRO STUNDE.

STAHLSEILE HALTEN DAS STARRE SEGEL.

EIN TRAGFLÜGEL VERBESSERT DIE STABILITÄT UND DRÜCKT DAS BOOT ÜBER DIE WASSEROBERFLÄCHE.

STARRES SEGEL, ÄHNLICH DEM FLÜGEL EINES FLUGZEUGS

PAUL LARSEN, DER PILOT UND MITKONSTRUKTEUR DES BOOTES

STROMLINIENFÖRMIGER RUMPF, DEN DREI SCHWIMMER ÜBER DIE WASSEROBERFLÄCHE HEBEN

5. GEH NACH DRAUSSEN, LEGE DEN STEIN AUF DEN BODEN, DRÜCKE AUF DIE STOPPUHR* UND LAUFE LOS. HALTE DAS LOG SO, DASS DIE SCHNUR SICH LEICHT ABSPULEN KANN, DAMIT DU DEN STEIN NICHT HINTER DIR HERZIEHST.

6. HALTE NACH 28 SEKUNDEN AN UND ZÄHLE, WIE VIELE KNOTEN SICH ABGEWICKELT HABEN. SCHREIBE DAS ERGEBNIS AUF.

* WENN DU DIE GESCHWINDIGKEIT EINES SEGELBOOTS MESSEN WILLST, WIRF DAS HOLZBRETTCHEN INS WASSER UND HALTE DAS LOG SO, DASS SICH DIE SCHNUR FREI ABWICKELN KANN.

GEHGESCHWINDIGKEIT: ☐☐ KNOTEN

LAUFGESCHWINDIGKEIT: ☐☐ KNOTEN

GESCHWINDIGKEIT DES SCHIFFS: ☐☐ KNOTEN

Einem Segler sind GPS und Seekarten ins Wasser gefallen, und er hat sich in der Nacht auf dem Meer verirrt. Während er an der Küste entlangsegelt, schreibt er die Signale auf, die ihm die

LEUCHTTÜRME ANGEBEN.

Trage in die Karte auf der gegenüberliegenden Seite ein, wo er sich zu den angegebenen Zeiten befindet, und zeichne seine Route.

Heute bestimmen Satellitenempfänger die Position eines Schiffs. Aber über Jahrhunderte hinweg verwendete man dafür Kompass, Sextant und Karten. Leuchttürme und Leuchtfeuer an Land boten Orientierung. In den ersten Leuchttürmen kam das Licht von einem Holzfeuer. Seit dem 19. Jahrhundert brennen dort elektrische Lampen. Das Licht der Glühbirnen wird zusätzlich durch Linsen verstärkt.

UHRZEIT	LINKS	VOR MIR	RECHTS
22.00	△△△ ▢ △△△	▭ ▫ ▭	▫ ▫ ▫
22.30	▫▫ ▫▫▫	▬	△ △ △
23.00	∧∧∧∧∧∧∧∧∧∧∧	▭ ▭	▫▫ ▫ ▫▫
23.30	△ △ △	▫ ▫ ▫	▭ ▭ ▭
00.00	△△ △△	▭ ▭	∧∧∧∧∧∧∧∧∧
00.30	∧∧∧∧∧∧∧∧	△ △ △	▭ ▫ ▭

← Zeichne hier, welches Signal der Segler sieht, während er sich dem Hafen nähert.

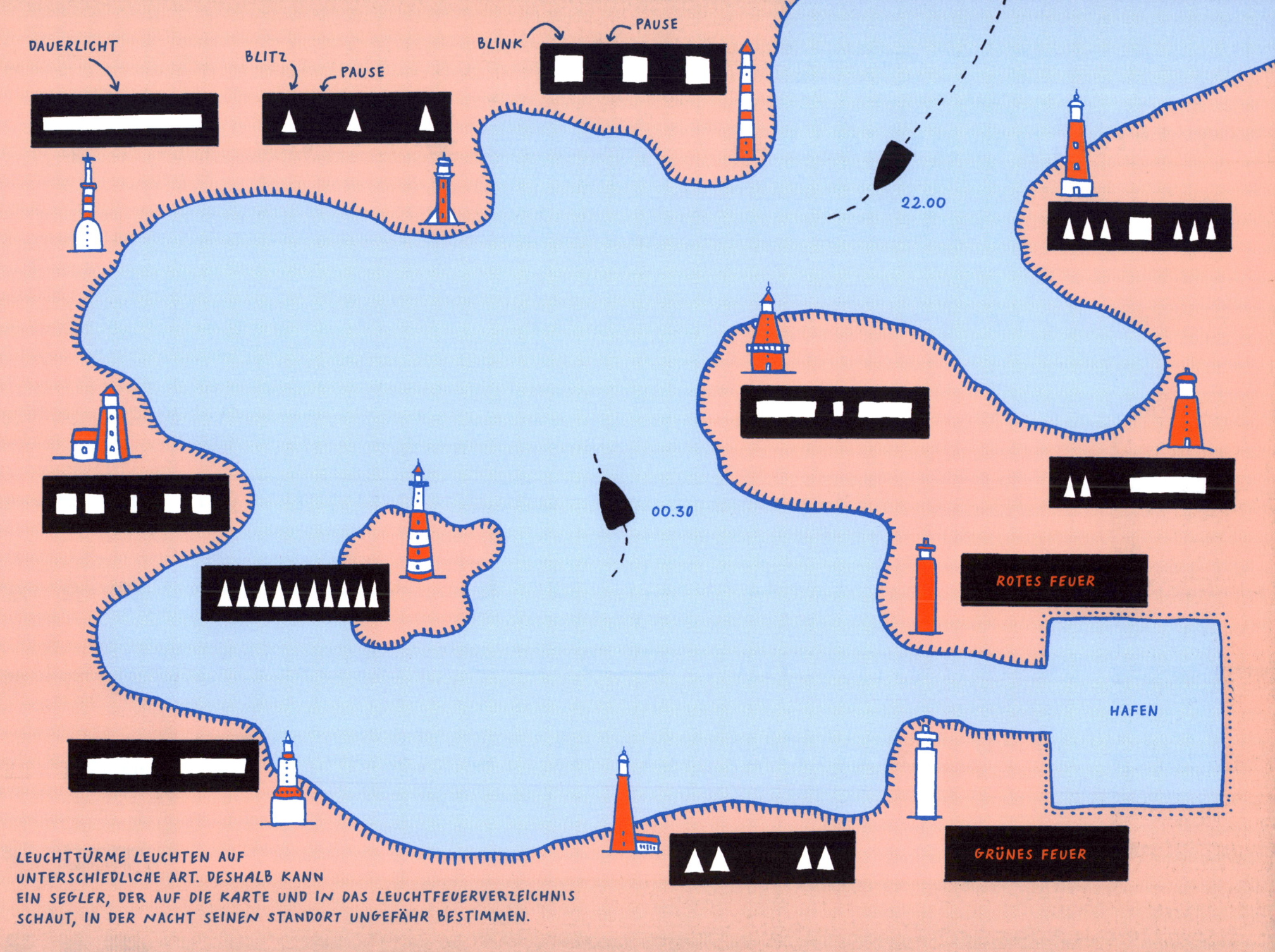

DER LEUCHTTURMWÄRTER

Wechselte die Beleuchtung der Leuchtfeuer. Moderne Lampen funktionieren automatisch, also muss er heute nicht mehr im Leuchtturm wohnen. Er zieht aus. Aus seiner ehemaligen Wohnung möchte er etwas Besonderes machen. Hilf ihm dabei. Was richtest du dort ein? Einen Unterschlupf für Vögel? Zimmer für Sommerurlauber? Ein Schwimmbecken mit Rutsche? Oder etwas ganz anderes?

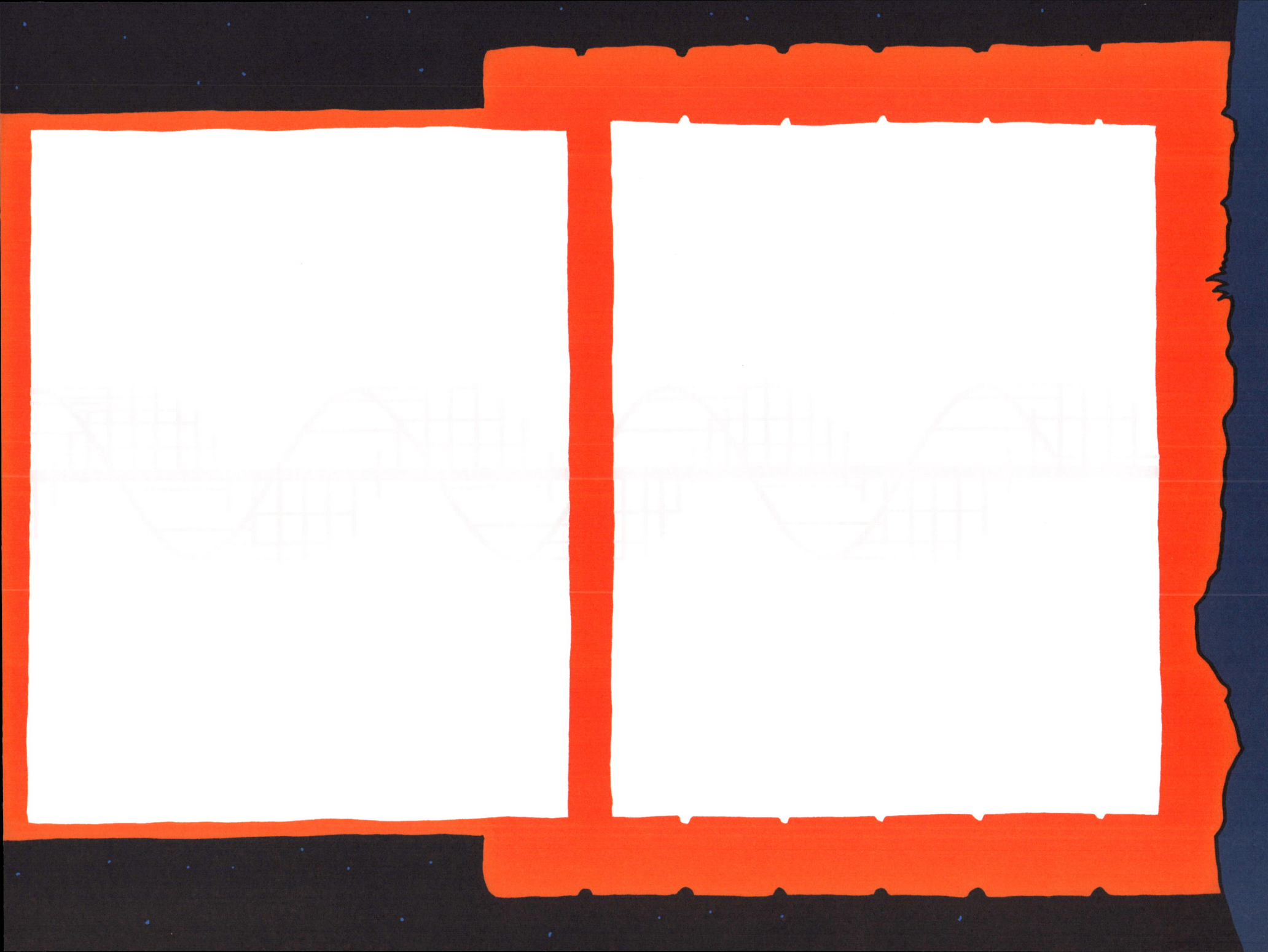

KRÄHENNEST

SCHAU MAL, OB DICH DER KAPITÄN INS KRÄHENNEST SCHICKEN WÜRDE. SO HEISST DER KORB, DER WEIT OBEN AM MAST BEFESTIGT IST UND VON DEM MAN EINE FANTASTISCHE AUSSICHT ÜBER DAS MEER HAT.

BITTE JEMANDEN, SICH DREI SCHRITTE VON DIR ENTFERNT HINZUSTELLEN UND DIR DIESE SEITE DES BUCHS ZU ZEIGEN. HALTE DIR EIN AUGE ZU UND SAGE, WIE VIELE SEGEL JEDES SCHIFF HAT.

WENN DU NICHT ALLE SEGEL AN DEN SCHIFFEN ZÄHLEN KANNST, SOLLTEST DU ZUM AUGENARZT GEHEN.

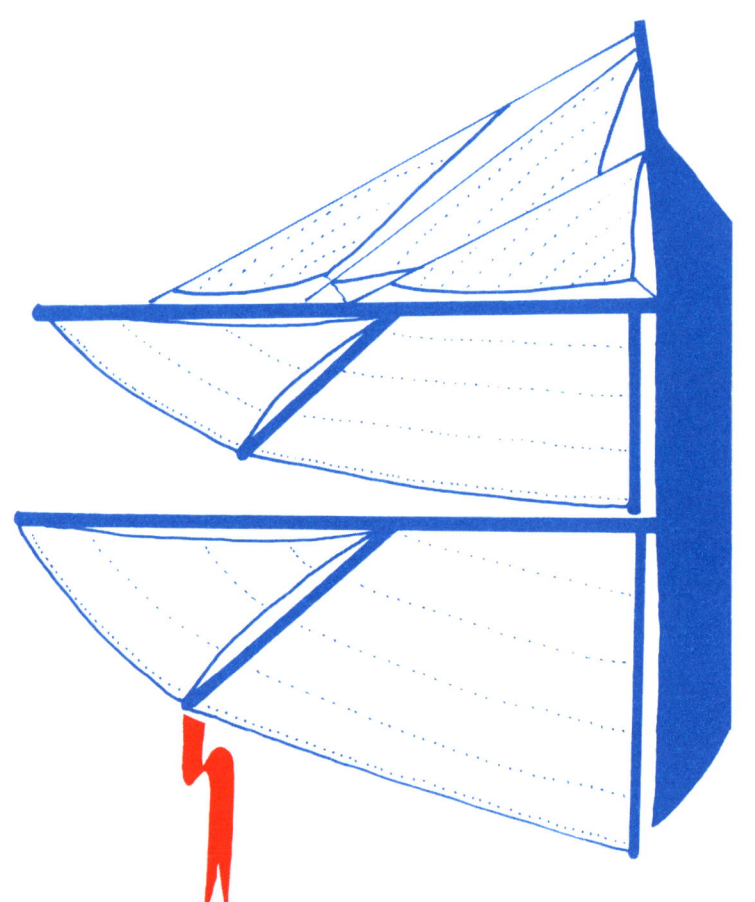

GAFFELSCHONER

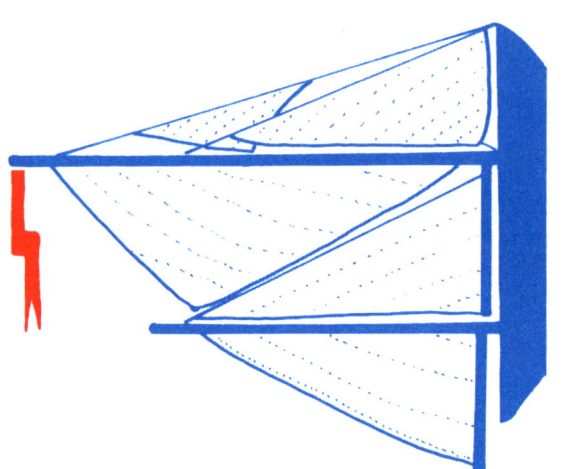

STAGSEGEL-KETSCH

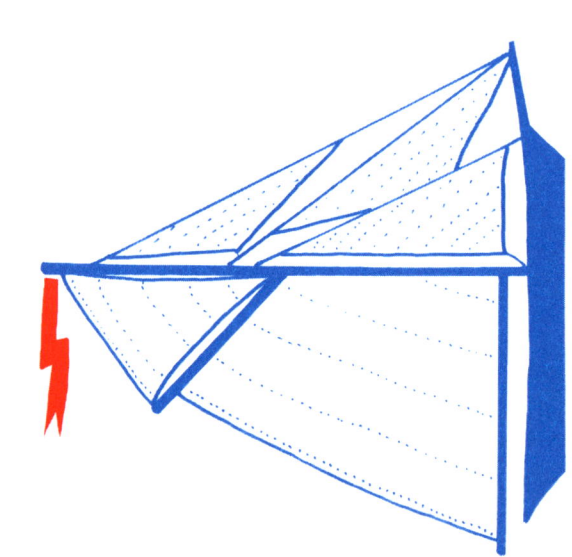

KUTTER

DIE NAMEN DER SEGELSCHIFFE BEZEICHNEN DIE ANZAHL DER MASTEN UND DIE ART DER SEGEL. CATBOOT, SLUP UND KUTTER SIND EINMASTIGE SEGELSCHIFFE. YAWL, KETSCH UND BRIGG SIND ZWEIMASTER.

EIN SCHONER KANN ZWEI ODER MEHR MASTEN HABEN, BARKENTINEN, BARKEN ODER FREGATTEN HABEN MINDESTENS DREI MASTEN. DER ANDERE TEIL DES NAMENS BEZEICHNET DIE ART DER BESEGELUNG.

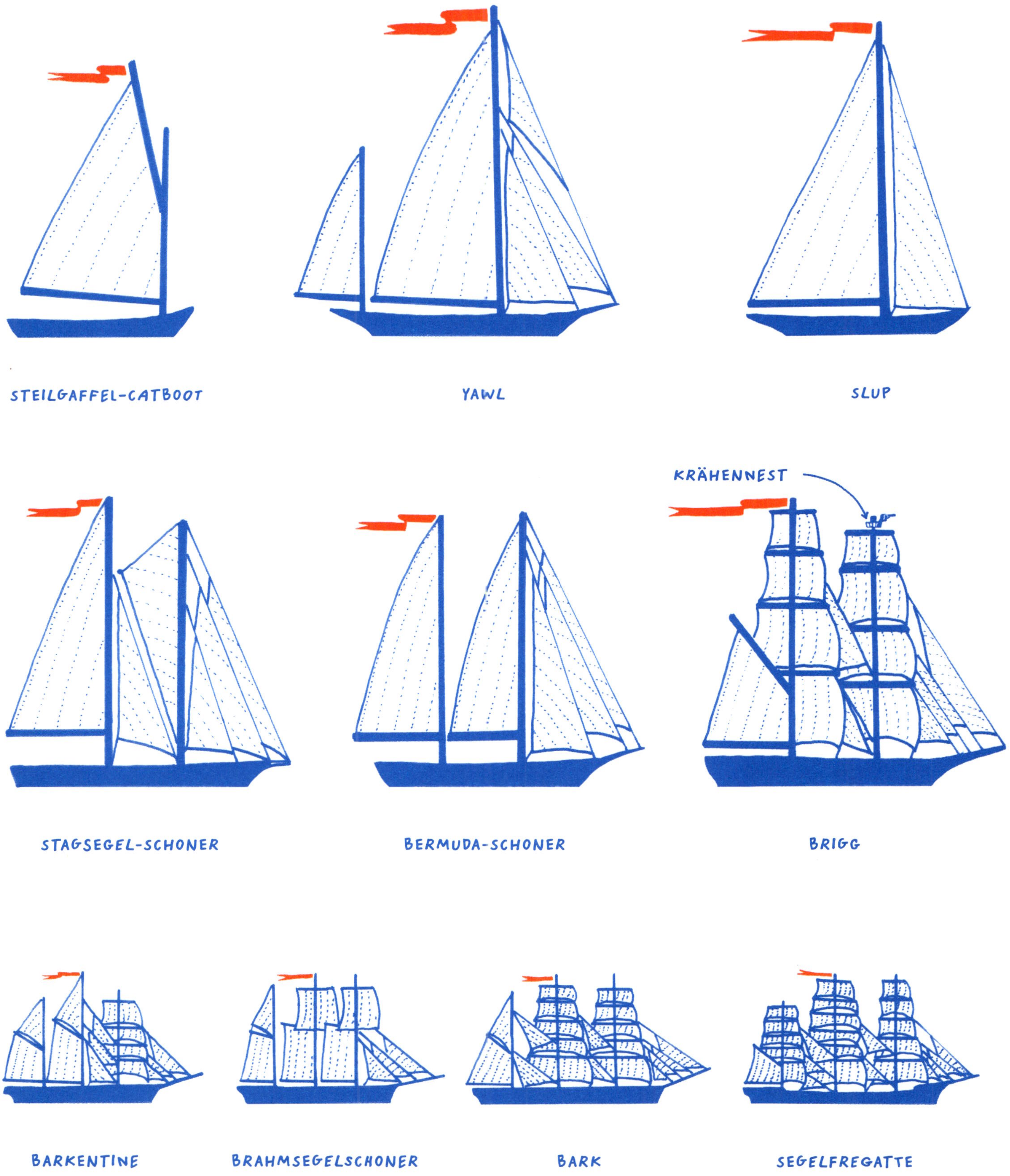

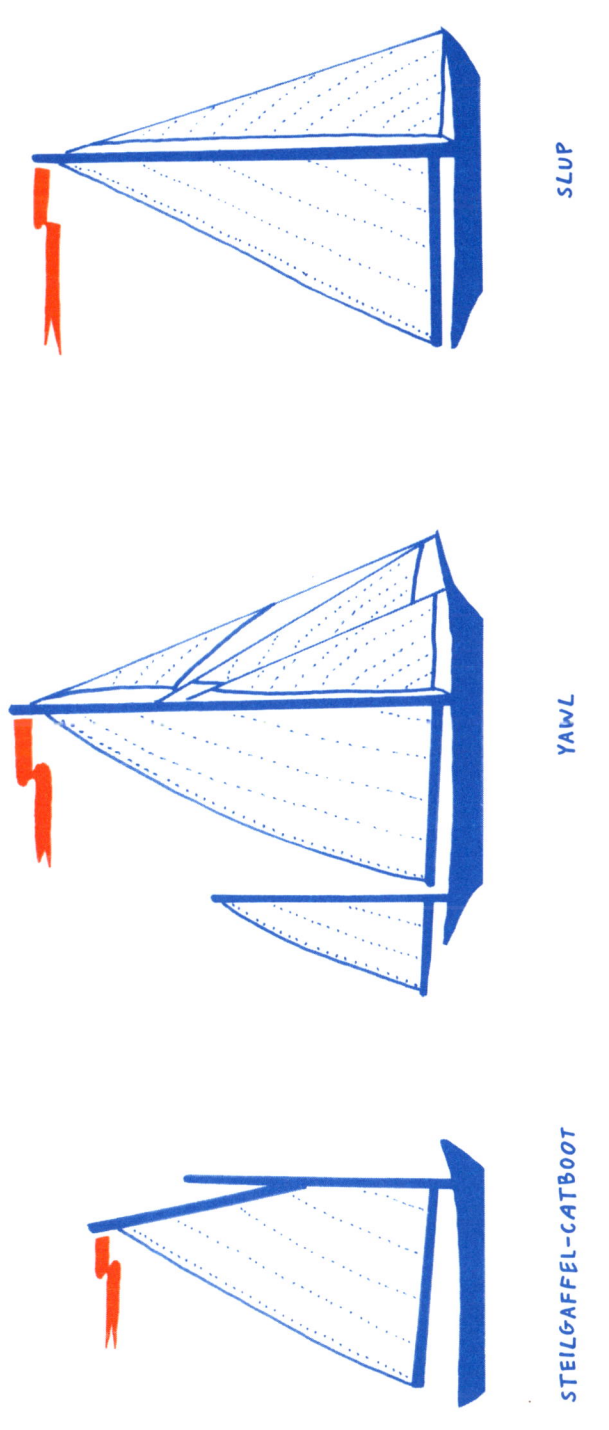

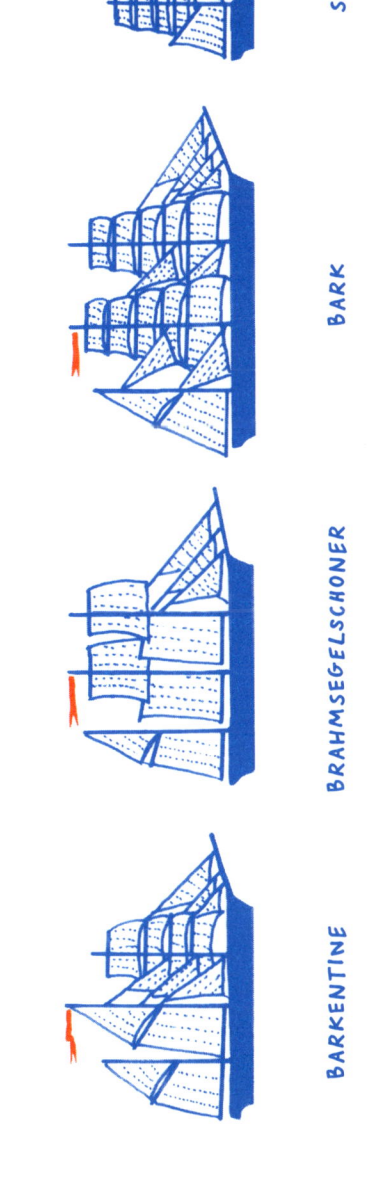

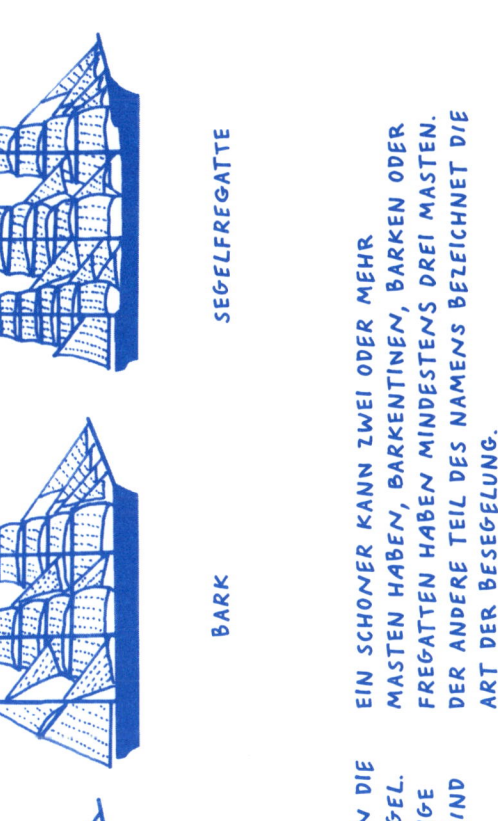

AM HORIZONT IST

LAND IN SICHT!

ZEICHNE, WIE ES DURCHS FERNGLAS AUSSIEHT. IST ES FLACH ODER BERGIG? IST ES EIN EISLAND ODER EIN TROPISCHER DSCHUNGEL? VIELLEICHT SIND AM UFER UNBEKANNTE TIERE ZU SEHEN?

HEUTE KENNEN WIR ALLE LÄNDER AUF DER ERDE, ABER NOCH VOR 200 JAHREN WURDEN STÄNDIG NEUE INSELN UND SOGAR EIN GANZER KONTINENT ENTDECKT.

OBWOHL SCHON SEIT DER ANTIKE VERMUTET WURDE, DASS SICH IM SÜDEN DER ERDE EIN GROSSER KONTINENT BEFINDET, WURDE ER ERST 1820 ENTDECKT, ALSO 39 JAHRE NACH DER ENTDECKUNG DES URANUS, DES SIEBTEN PLANETEN UNSERES SONNENSYSTEMS. MAN NANNTE IHN ANTARKTIS. VERMUTLICH ERST 1895 WURDE ER ZUM ERSTEN MAL VON EINEM MENSCHEN BETRETEN.

Auf dem Meeresgrund brechen immer wieder Vulkane aus. Im Laufe des letzten Jahrhunderts entstanden dadurch einige neue Inseln. Heute wird jede Veränderung der Erdoberfläche von Satelliten entdeckt und dann von Wissenschaftlern untersucht.

GIB DREI LÖFFEL GRÜNE FARBE IN EIN GLAS WASSER. GIESSE DAS GEFÄRBTE WASSER IN EIN EISFÖRMCHEN UND STELLE ES INS GEFRIERFACH. WENN DAS WASSER ZU EIS GEWORDEN IST, HOLE DEN "EISBUNTSTIFT" MIT HANDSCHUHEN AUS DER FORM UND MALE MIT IHM EINEN

TROPISCHEN URWALD AUF DER ANTARKTIS.

VOR 55 MILLIONEN JAHREN WAR ES AUF DER ERDE BEDEUTEND WÄRMER ALS HEUTE. DIE ANTARKTIS WAR DAMALS VON TROPISCHEM URWALD BEWACHSEN, UND AN IHREN STRÄNDEN TUMMELTEN SICH DIE AUS NEUSEELAND ANGEKOMMENEN VORFAHREN DER HEUTIGEN PINGUINE. DIESE IDYLLE IST DURCH ANTARKTISCHE FOSSILIEN NACHGEWIESEN.

DANN, ETWA 34 MILLIONEN JAHRE SPÄTER, KÜHLTE DAS KLIMA LANGSAM AB. VIELE PINGUINARTEN ZOGEN IN DEN NORDEN, IN WÄRMERE REGIONEN: NACH SÜDAFRIKA, AUSTRALIEN UND NEUSEELAND UND AUCH AN DIE KÜSTE SÜDAMERIKAS. SIE LEBEN DORT BIS HEUTE.

IN DER ANTARKTIS BLIEBEN NUR DIE WIRKLICH HARTEN TYPEN. UNTER ANDEREM DER KAISERPINGUIN, DIE GRÖSSTE PINGUINART.

KAISERPINGUINE ERNÄHREN SICH HAUPTSÄCHLICH VON KREBSTIEREN UND FISCHEN, DIE SIE IM EISIGEN MEER FANGEN. SIE KÖNNEN BEI TEMPERATUREN VON -60°C ÜBERLEBEN, UND DIE MÄNNCHEN KOMMEN WÄHREND DER PAARUNGSZEIT UND DEM BRÜTEN (DAS TUN NÄMLICH SIE) SOGAR ÜBER 100 TAGE OHNE NAHRUNG AUS.

HEUTE IST DIE ANTARKTIS VON EINER EISKAPPE BEDECKT, DIE DURCHSCHNITTLICH ZWEI KILOMETER DICK IST, AN DER DICKSTEN STELLE SOGAR FAST FÜNF KILOMETER. EINIGE FORSCHER MEINEN JEDOCH, IN FERNER ZUKUNFT KÖNNTE DAS EIS SCHMELZEN UND DER MEERESSPIEGEL UM EINIGE DUTZEND METER STEIGEN. DIE ANTARKTIS WÜRDE SICH DANN WIEDER MIT ÜPPIGER VEGETATION BEDECKEN.

ES GIBT JEDOCH SPEZIELL KONSTRUIERTE SCHIFFE, SOGENANNTE EISBRECHER, MIT DENEN MAN NICHT NUR GEFAHRLOS DURCHS TREIBEIS FAHREN, SONDERN SOGAR FAHRRINNEN FÜR ANDERE SCHIFFE HINEINBRECHEN KANN.

TREIBEIS KOMMT VOR ALLEM IM ARKTISCHEN OZEAN UND UM DIE ANTARKTIS HERUM VOR.

DAS TREIBEIS AUF DEM ARKTISCHEN OZEAN IST DER NATÜRLICHE LEBENSRAUM DER EISBÄREN. WEGEN DER KLIMAERWÄRMUNG IST DIE FLÄCHE DES TREIBEISES BETRÄCHTLICH ZURÜCKGEGANGEN. WENN DIESER PROZESS NICHT GEBREMST WIRD, WERDEN DIE EISBÄREN GEGEN ENDE DES 21. JAHRHUNDERTS AUSSTERBEN.

HÄUFIGE BEZEICHNUNGEN DES PRODUKTIONSLANDES:
MADE IN EU – IN DER EUROPÄISCHEN UNION HERGESTELLT
MADE IN GERMANY – IN DEUTSCHLAND HERGESTELLT
MADE IN ITALY – IN ITALIEN HERGESTELLT
MADE IN USA – IN DEN VEREINIGTEN STAATEN HERGESTELLT
MADE IN CHINA ODER MADE IN PRC – IN CHINA HERGESTELLT

MANCHMAL STEHT ANSTELLE VON „MADE IN" „PRODUCT OF" („WARE AUS") ODER „MANUFACTURED IN" („PRODUZIERT IN").

IN EINEM CONTAINER HABEN SECHS KLEINWAGEN PLATZ. DIE GRÖSSTEN FRACHTER KÖNNEN MEHR ALS 20.000 CONTAINER TRANSPORTIEREN. DER GRÖSSTE CONTAINERHAFEN DER WELT IST SHANGHAI. IM JAHRE 2017 WURDEN DORT ÜBER 40 MILLIONEN CONTAINER VERLADEN.

GEZEITEN

NENNT MAN DAS REGELMÄSSIGE ANSTEIGEN UND FALLEN DES WASSERS IN DEN MEEREN. SIE WERDEN DURCH DIE ANZIEHUNGSKRÄFTE DER SONNE UND DES MONDES VERURSACHT.

ES HERRSCHT EBBE — DAS WASSER IST AUS DEM HAFEN VERSCHWUNDEN. WIE WIRD DER HAFEN WÄHREND DER FLUT AUSSEHEN, WENN DAS WASSER WIEDER STEIGT?

WAS WIRD AUF DEM WASSER SCHWIMMEN? WAS WIRD IM WASSER SCHWIMMEN? WAS BLEIBT AUF DEM GRUND LIEGEN?

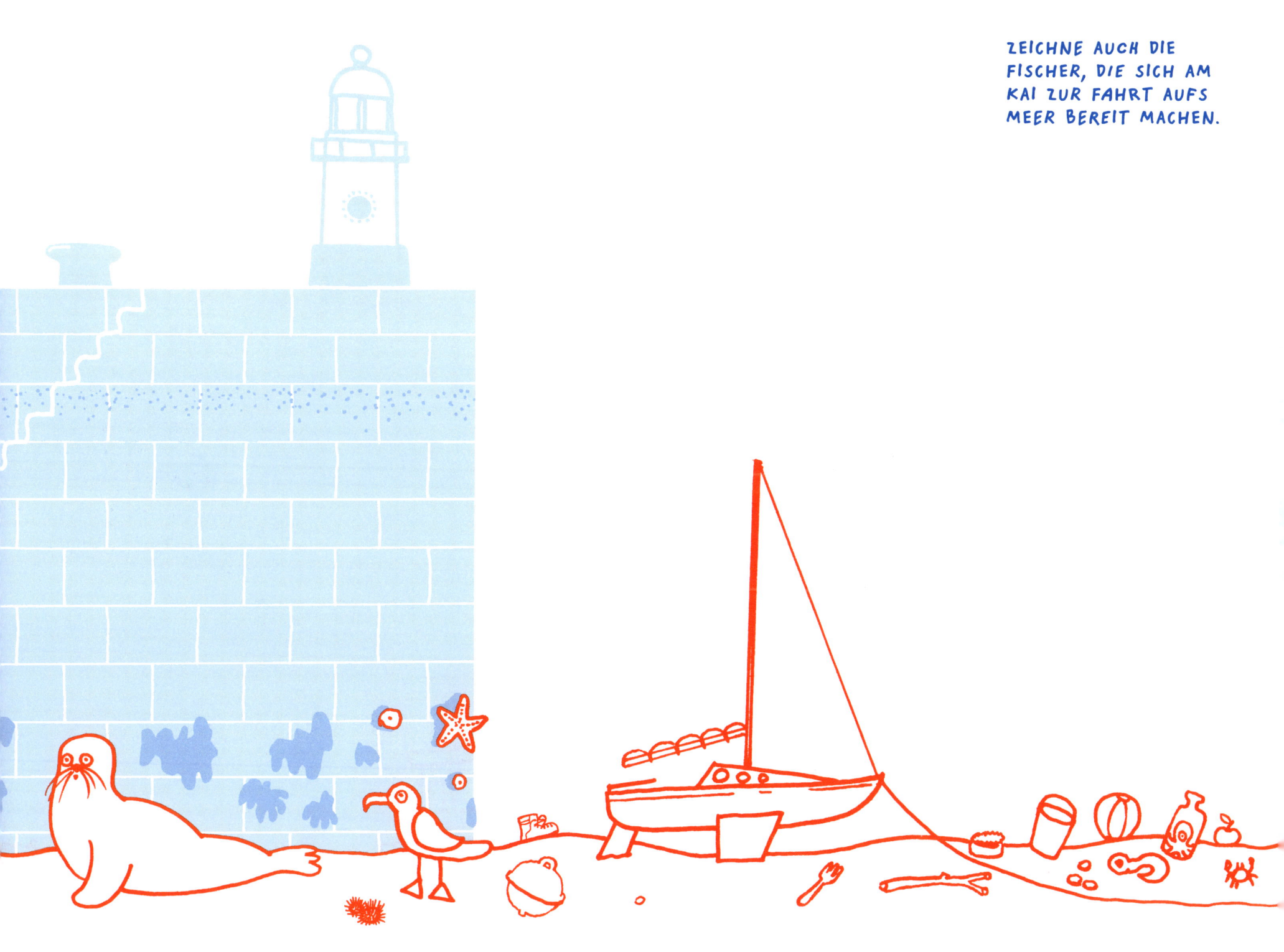

RÜCKSTAU

HEISST DAS PHÄNOMEN, WENN WIND DAS MEERWASSER IN EINEN FLUSS DRÜCKT, DAS FLUSSWASSER ALSO NICHT INS MEER FLIESSEN KANN. DAS WASSER STAUT SICH, ES GIBT ÜBERSCHWEMMUNGEN.

SUCH DIR EINEN MITSPIELER: ER SOLL SICH AUF DEINEN PLATZ SETZEN UND HAT DIE AUFGABE, DAS ANSTEIGENDE WASSER WELLE FÜR WELLE SO SCHNELL WIE MÖGLICH ZU MALEN.

SETZ DICH DEINEM MITSPIELER GEGENÜBER (DAS BUCH LIEGT ZWISCHEN EUCH) UND VERSUCHE DIESE HAMBURGER HÄUSERZEILE VOR DER FLUT ZU SCHÜTZEN. ZEICHNE SCHOTTEN AN ALLE TÜREN UND FENSTER IM ERDGESCHOSS, BEVOR DAS WASSER SIE ERREICHT.

FANGT BEIDE GLEICHZEITIG AN ZU ZEICHNEN.

JEDER LADEN MUSS EINEN DOPPELTEN RAHMEN HABEN UND MIT EINEM KREUZ AUSGESTATTET SEIN, DAS DIE KONSTRUKTION VERSTÄRKT.

DER WASSERSTAND WIRD MIT WEITEREN LINIEN ANGEHOBEN, INDEM IN JEDES KÄSTCHEN EINE HALBE WELLE GEZEICHNET WIRD.

PLANE EIN
PASSAGIERSCHIFF.

DIE GRÖSSTEN SCHIFFE ÄHNELN SCHWIMMENDEN STÄDTEN. AUSSER KAJÜTEN FÜR DIE REISENDEN BEFINDEN SICH AUF DIESEN SCHIFFEN AUCH BARS, RESTAURANTS, AQUAPARKS, EISBAHNEN, FITNESSSTUDIOS, SPORTPLÄTZE, KINOS, THEATER, BIBLIOTHEKEN, CASINOS, CLUBS, EINKAUFSPASSAGEN UND SOGAR PARKS. WAS GIBT ES AUF DEINEM SCHIFF ALLES?

AUSSERDEM BRAUCHT MAN UNBEDINGT PLATZ FÜR DEN KAPITÄN, DIE MANNSCHAFT UND DAS PERSONAL. UND NATÜRLICH EINE KOMMANDOBRÜCKE, VON DER AUS DAS SCHIFF GESTEUERT WIRD.

VERGISS AUCH DEN ANTRIEB NICHT. ZEICHNE DEN TREIBSTOFFTANK, BATTERIEN UND EINEN GROSSEN MOTOR, DER DIE SCHIFFSSCHRAUBE ANTREIBT.

ANTRIEBSSCHRAUBE

DEIN SCHIFF IST GESUNKEN.
GLÜCKLICHERWEISE BEFAND
SICH IN DER NÄHE EINE

EINSAME INSEL,

UND ES IST DIR GELUNGEN, SIE
SCHWIMMEND ZU ERREICHEN.
ABER WER WEISS, WIE VIEL ZEIT
DU DORT VERBRINGEN WIRST,
BEVOR HILFE KOMMT ...
DU BRAUCHST EINEN
UNTERSCHLUPF UND ESSEN.
ZEICHNE, WIE DU DICH
EINRICHTEST.

DAS MEER HAT EINIGE DINGE
ANGESPÜLT. VIELLEICHT
NÜTZEN SIE DIR?

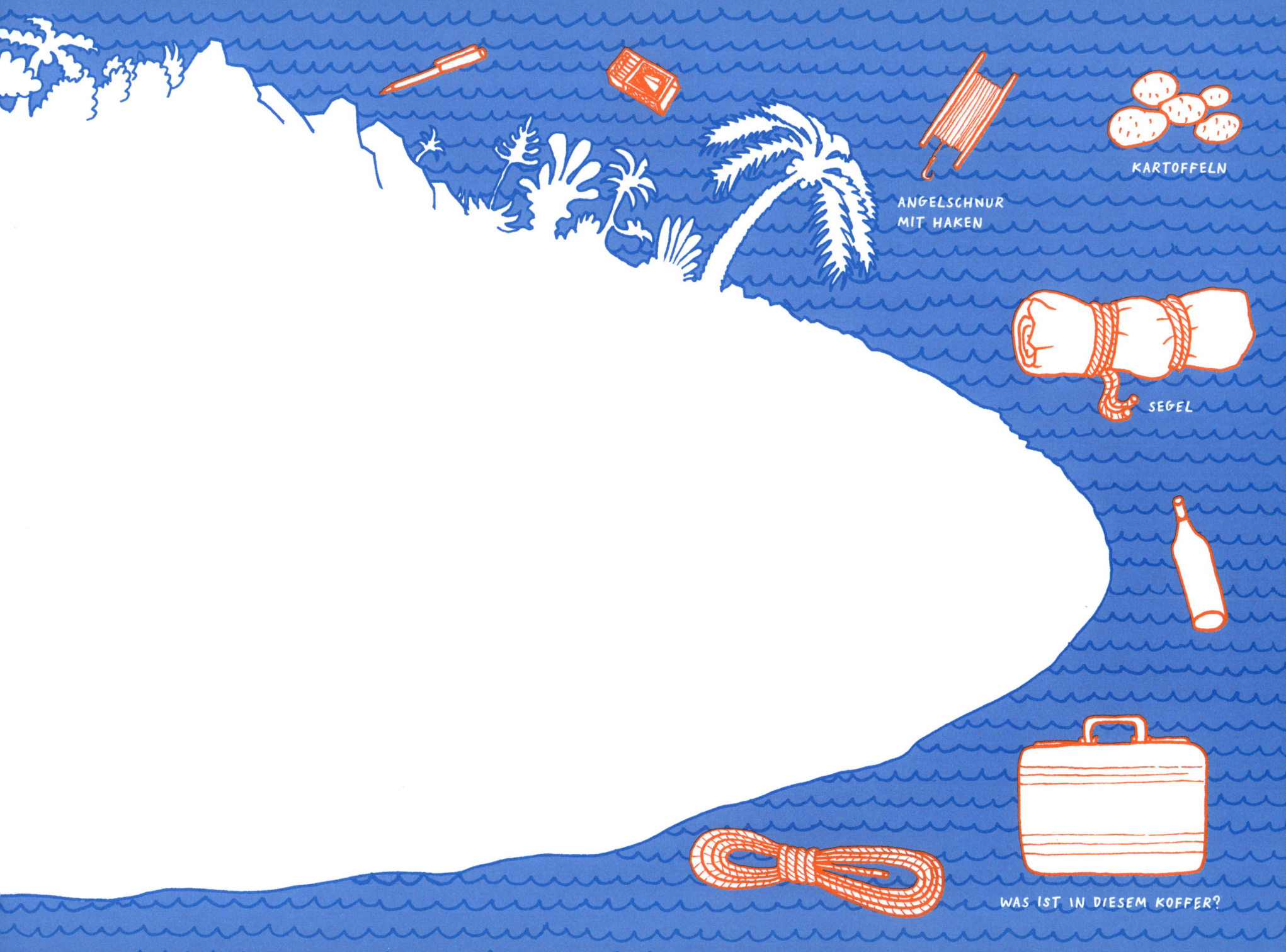

EINES TAGES FINDEST DU AM STRAND EIN
STÜCK PAPIER, DAS MEER HAT ES ANGESPÜLT.
DU TROCKNEST ES. SCHREIBE EINE

FLASCHENPOST

UND WIRF SIE INS MEER.

DIE BEWOHNER DER NÄCHSTEN BESIEDELTEN
INSEL SPRECHEN EINE SPRACHE, DIE DU NICHT
VERSTEHST. SIE VERSTEHEN AUCH WEDER DEUTSCH
NOCH ENGLISCH. DU KANNST DICH NUR ÜBER
BILDER MIT IHNEN VERSTÄNDIGEN. ZEICHNE, WAS
DIR ZUGESTOSSEN IST, WIE DU ZURECHTKOMMST
UND WAS DIR AM MEISTEN FEHLT. BITTE SIE,
DEINER FAMILIE EINE NACHRICHT ZUKOMMEN ZU
LASSEN UND FORDERE SIE AUF, DIR ZU HELFEN.

WIE UNTERSCHREIBST DU DEN BRIEF?
ZEICHNEST DU DEIN PORTRÄT?
ODER UMRANDEST DU DEINE HAND?
ODER VIELLEICHT GANZ ANDERS?

BAUE EIN FLOSS!

DU BRAUCHST:
- ZWEI ETWAS DICKERE STÄBE
- ZEHN DÜNNE STÄBE
- EINEN LANGEN DÜNNEN STAB
- MEHRERE METER SCHNUR
- EIN BLATT PAPIER

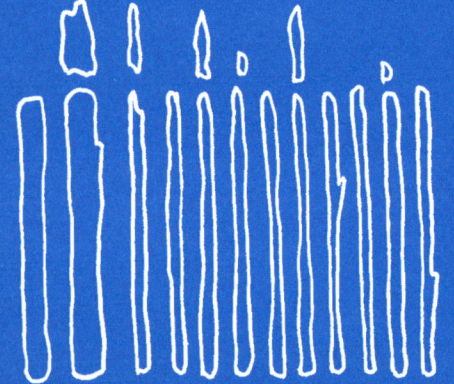

1. MACHE DIE STÄBE ALLE GLEICH LANG, INDEM DU DIE ENDEN ABBRICHST.

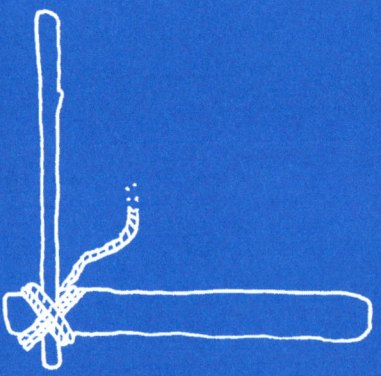

2. VERBINDE EINEN DÜNNEN STAB MIT EINEM DER DICKEREN, INDEM DU DIE SCHNUR ÜBER KREUZ UM DIE VERBINDUNGSSTELLE WICKELST UND FESTZIEHST.

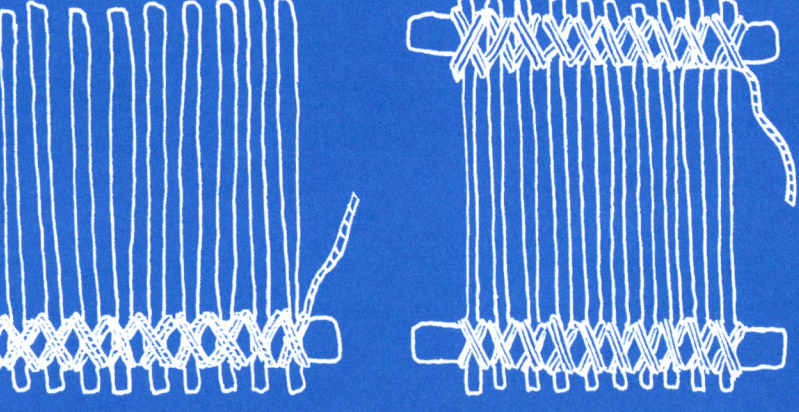

3. BINDE AUF DIESELBE ART DIE RESTLICHEN DÜNNEN STÄBE AN DEN DICKEN, EINEN NEBEN DEN ANDEREN, SO DICHT WIE MÖGLICH.

4. AUF DIE ANDERE SEITE KOMMT DER ZWEITE DICKERE STAB. BINDE ALLE DÜNNEN AN IHM FEST, WIE IN PUNKT 2 UND 3 BESCHRIEBEN.

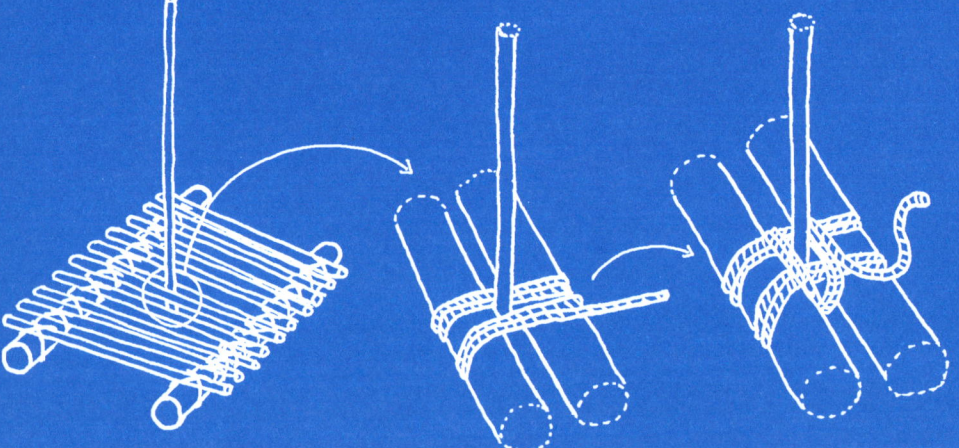

5. STECKE DEN LANGEN DÜNNEN STAB IN DER MITTE DES FLOSSES ZWISCHEN ZWEI STÄBE UND BEFESTIGE IHN MIT EINER SCHNUR. DAS IST DER MAST.

6. SPIESSE VORSICHTIG DAS BLATT PAPIER AUF DEN MAST AUF. ES DIENT ALS SEGEL. DU KANNST ES AUCH AUS STOFF ODER FOLIE MACHEN.

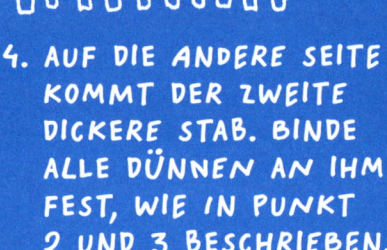

7. BINDE EINE SCHNUR AN DEIN FLOSS. SO KANNST DU ES FESTHALTEN, DAMIT DER WIND ES NICHT WEGWEHT. FERTIG. PROBIERE AUS, OB ES SCHWIMMT UND SEGELT.

BAUE EIN LUFTKISSENBOOT!

HINTER DEN PROPELLERN, DIE DAS BOOT ANTREIBEN, BEFINDEN SICH DIE STEUERRUDER.

TURBINEN BLASEN LUFT UNTER DEN RUMPF.

EINE GUMMISCHÜRZE HÄLT DIE KOMPRIMIERTE LUFT ZWISCHEN DEM RUMPF UND DEM GRUND.

EIN LUFTKISSENBOOT IST EIN FAHRZEUG, DAS AUF EINEM KISSEN AUS KOMPRIMIERTER LUFT ÜBER DER WASSEROBERFLÄCHE, ABER AUCH ÜBER LAND ODER EIS SCHWEBT. SO KANN MAN AN ORTE GELANGEN, DIE NORMALERWEISE FÜR BOOTE ODER SCHIFFE NICHT ZUGÄNGLICH SIND.

DU BRAUCHST:
- EINE ALTE CD
- EINEN FLASCHENDECKEL MIT TRINKVERSCHLUSS
- ETWAS KNETE
- EINEN LUFTBALLON

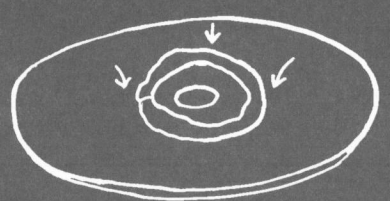

1. MACHE EINE WURST AUS KNETE UND KLEBE SIE UM DAS LOCH IN DER CD.

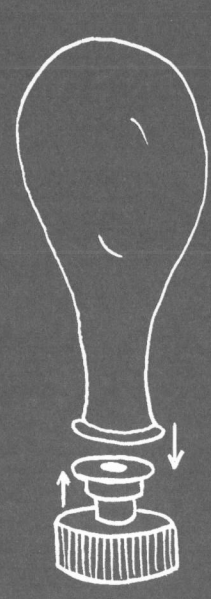

2. ÖFFNE DEN SPENDER, ZIEHE DEN BALLON DARAUF UND BLASE IHN AUF. SCHLIESSE DEN SPENDER.

3. DRÜCKE DEN DECKEL MIT DEM BALLON SO FEST AUF DIE KNETE, DASS ER RICHTIG ANLIEGT.

4. STELLE DAS LUFTKISSENBOOT AUF EINEN LEEREN TISCH UND ÖFFNE DEN SPENDER.

DU KANNST EIN ZWEITES LUFTKISSENBOOT BAUEN UND EINEN WETTKAMPF VERANSTALTEN. SIEGER IST, WER DEN GEGNER VOM TISCH STÖSST.

WIE HABEN DEINER MEINUNG NACH DIESE
PIRATEN
AUSGESEHEN?
ZEICHNE SIE.

ZHENG YISAO TRIEB IM 19. JAHRHUNDERT AN CHINAS KÜSTE IHR UNWESEN. SIE FÜHRTE HUNDERTE SCHIFFE UND ZIGTAUSENDE MÄNNER AN. ALS SIE 35 JAHRE ALT WAR, SCHLOSS SIE MIT DEM GENERALGOUVERNEUR VON CHINA EIN ABKOMMEN, LÖSTE IHRE PIRATENARMEE AUF UND GING IN RENTE. SIE ERÖFFNETE IN KANTON EIN CASINO UND ERREICHTE DAS FÜR PIRATEN UNGEWÖHNLICH HOHE ALTER VON 69 JAHREN.

MARY READ TRUG VON KINDHEIT AN MÄNNERKLEIDER. IN IHRER JUGEND ARBEITETE SIE ALS BOTE, DANN DIENTE SIE ALS MANN IN DER BRITISCHEN ARMEE. WÄHREND EINER IHRER FAHRTEN AUF DEM MEER WURDE SIE VON PIRATEN ENTFÜHRT ... UND SCHLOSS SICH IHNEN AN. SIE FAND UNTER IHNEN SOGAR EINE FREUNDIN, ANNE BONNY, DIE SICH AUCH ALS MANN VERKLEIDET HATTE.

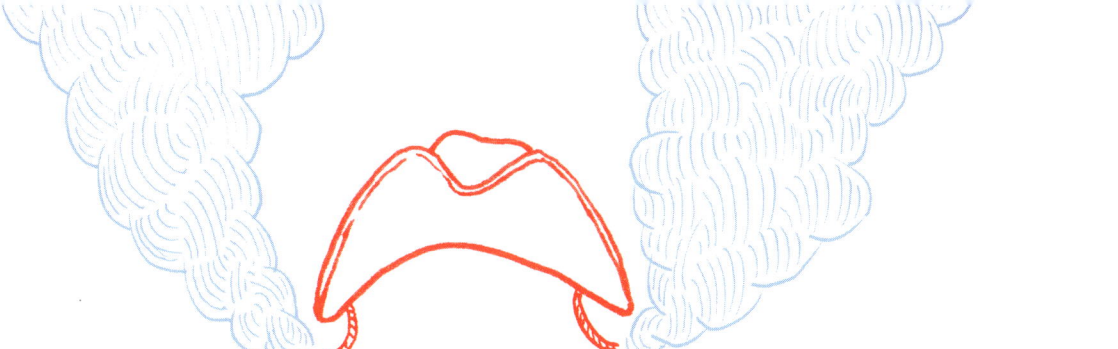

EDWARD TEACH, AUCH BEKANNT ALS „SCHWARZBART", WAR EINER DER MÄCHTIGSTEN PIRATEN ALLER ZEITEN. ER WÜTETE IN DER KARIBIK UND ACHTETE IMMER DARAUF, SEHR GEFÄHRLICH AUSZUSEHEN. MAN SAGT, ER TRUG IN SEINEM ZU ZÖPFEN GEFLOCHTENEN BART BLUTROTE SCHLEIFEN, STECKTE RAUCHENDE LUNTEN AN SEINEN HUT UND BEHÄNGTE SICH MIT PISTOLEN. DIE BESATZUNGEN DER SCHIFFE, DIE ER KAPERN WOLLTE, BEGANNEN SCHON ZU ZITTERN, WENN SIE IHN NUR VON WEITEM SICHTETEN.

KHAIR AD-DIN BARBAROSSA (ODER „ROTBART") WAR EIN PIRAT, DER VOR 500 JAHREN DEM TÜRKISCHEN SULTAN DIENTE. ER WAR DAMALS DER SCHRECKEN DES MITTELMEERS: EIN MANN MIT BART, GRIMMIGEM BLICK, KRUMMSÄBEL, TURBAN UND ZUGEKNÖPFTEM MANTEL.

FINDE IM BUCH DIE ZWEITE HÄLFTE DES GEHEIMEN BRIEFS UND ENTDECKE DEN WEG ZUR INSEL UND ZUM

PIRATEN-SCHATZ!

LIES DIE KOORDINATEN AB, MARKIERE DIE ENTSPRECHENDEN STELLEN AUF DER KARTE UND VERBINDE SIE MIT EINER LINIE. SO ERFÄHRST DU, WIE DU AN DEN INSELN VORBEISEGELN KANNST, OHNE AUF EIN UNTER WASSER VERSTECKTES KORALLENRIFF AUFZULAUFEN.

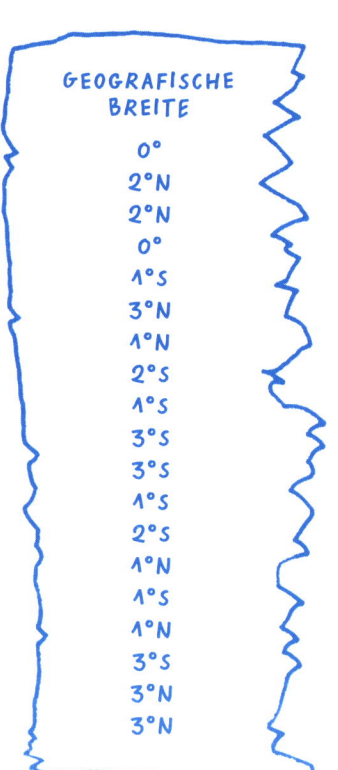

GEOGRAFISCHE BREITE

0°
2°N
2°N
0°
1°S
3°N
1°N
2°S
1°S
3°S
3°S
1°S
2°S
1°N
1°S
1°N
3°S
3°N
3°N

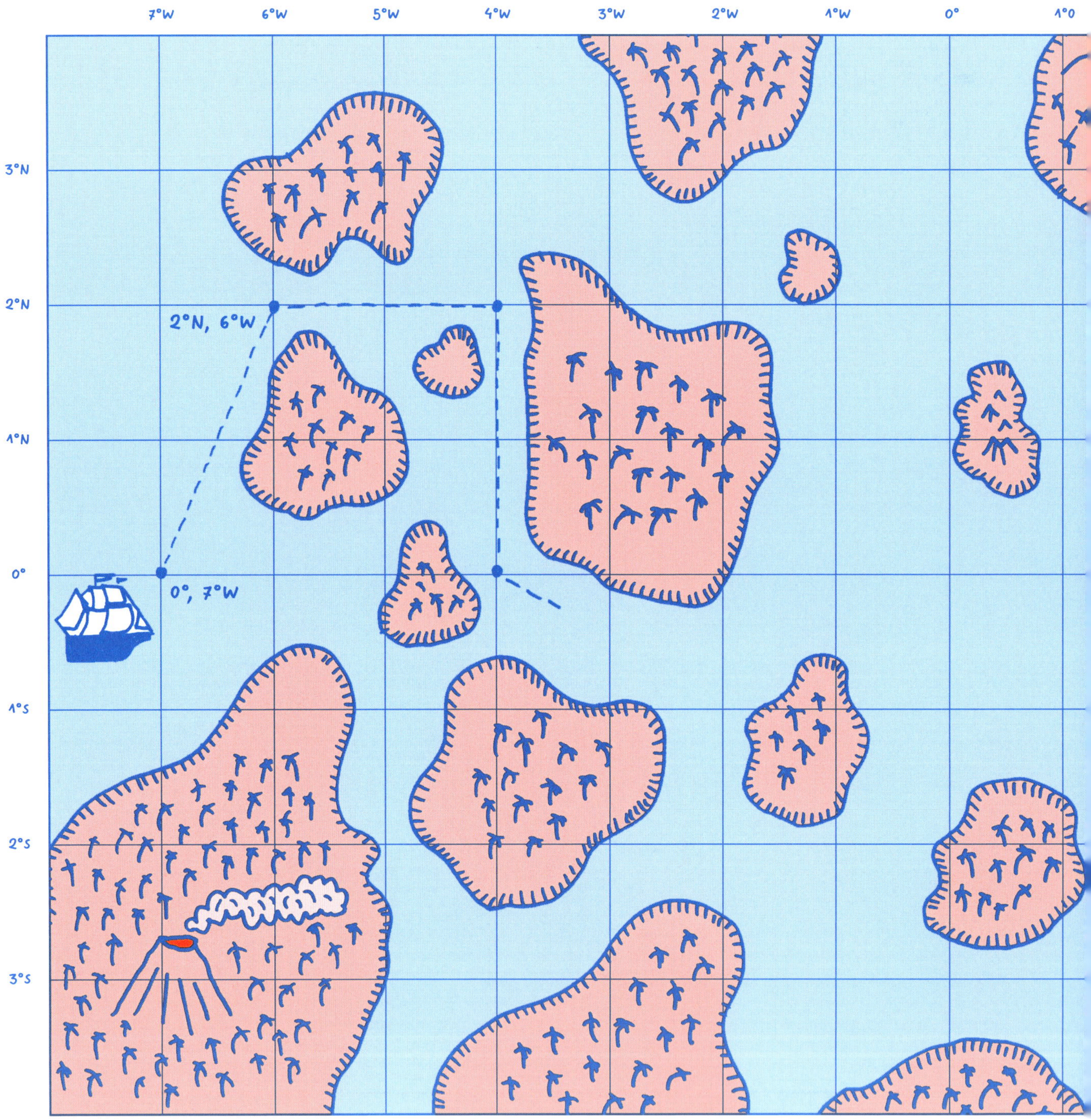

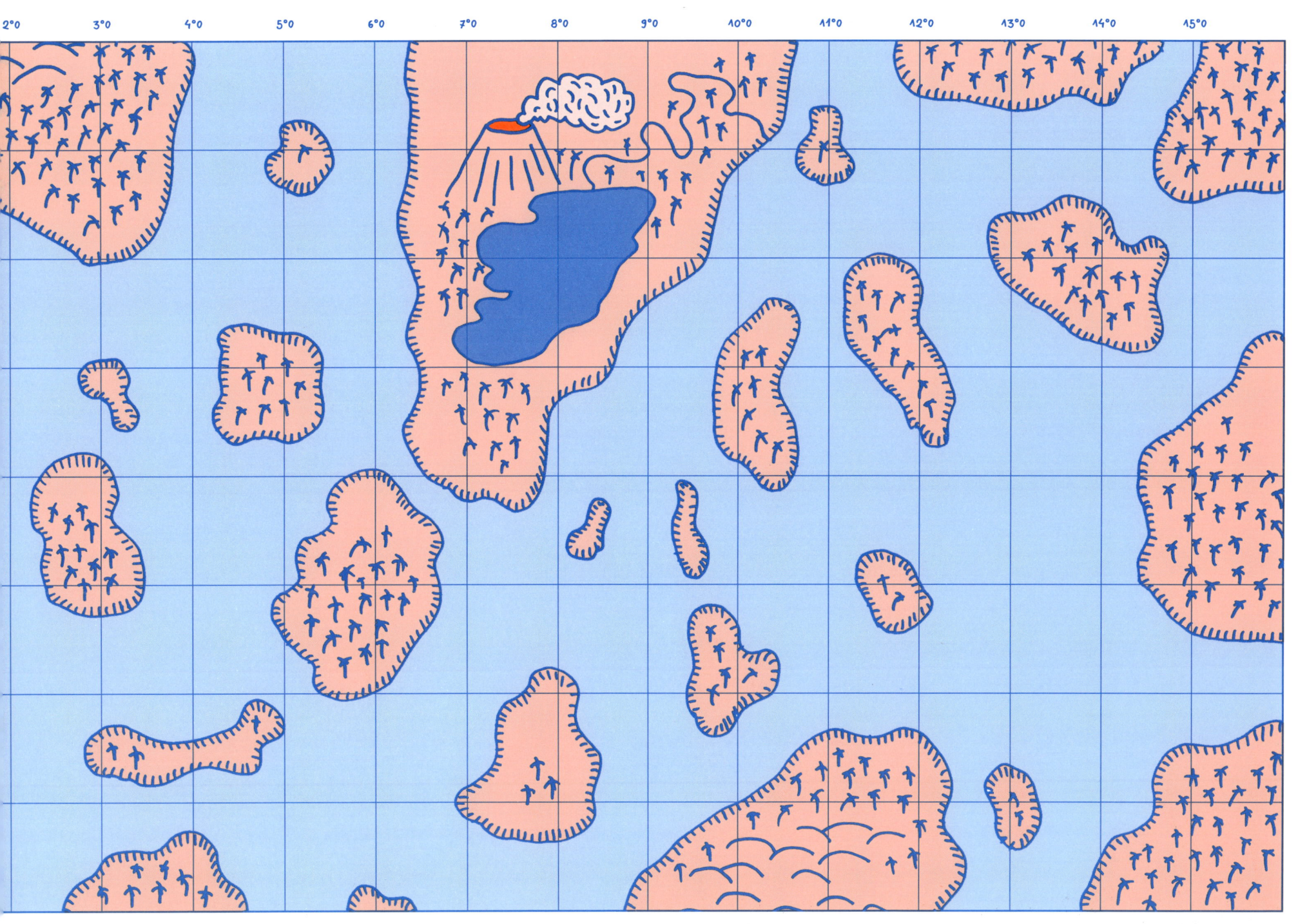

JAMAIKAS EHEMALIGE HAUPTSTADT
PORT ROYAL
WAR EINE DER REICHSTEN STÄDTE DER KARIBIK. MAN NANNTE SIE AUCH PIRATENHAUPTSTADT. BEIM GROSSEN ERDBEBEN AM 7. JUNI 1692 VERSANKEN STADT UND HAFEN FAST GANZ IM MEER. TAUSENDE MENSCHEN STARBEN DABEI.

GRABE PORT ROYAL AUS DEM SCHLAMM AUS. MALE DEN SCHLAMM BLAU. DIE GEBÄUDE BLEIBEN WEISS. ENTWIRF EIN UNTERWASSERMUSEUM MIT VERGLASTEN GÄNGEN.

ZEICHNE DEN HAFEN MIT SCHIFFEN, HÄUSERN, GESCHÄFTEN UND TAVERNEN, MIT PLÄTZEN UND STRASSEN. VERGISS BEI DER PLANUNG DES MUSEUMS AUCH NICHT DIE KASSEN SOWIE TOILETTEN, BIBLIOTHEK UND EINEN MUSEUMSSHOP.

ARCHÄOLOGEN ENTFERNTEN DEN SCHLAMM UND ENTDECKTEN GEBÄUDERUINEN, SCHIFFSWRACKS, VIELE KNOCHEN UND TAUSENDE VON WEINFLASCHEN, GESCHIRR, BESTECK UND ANDERE GEBRAUCHSGEGENSTÄNDE. SOGAR TRUHEN VOLLER SILBERMÜNZEN WAREN DA ... UND EINE TASCHENUHR, DIE DEN GENAUEN ZEITPUNKT DER KATASTROPHE ANZEIGTE: 11.43 UHR.

GEGEN ENDE DES VERGANGENEN JAHRHUNDERTS WURDE ÜBERLEGT, IN PORT ROYAL EIN UNTERWASSERMUSEUM EINZURICHTEN. GLÄSERNE GÄNGE SOLLTEN ZWISCHEN DEN RUINEN HINDURCHFÜHREN, SODASS DIE BESUCHER SEHEN KÖNNTEN, WAS PORT ROYAL EINMAL GEWESEN WAR. LEIDER STECKT DIESE IDEE NOCH IMMER IN DER PLANUNGSPHASE.

WER SCHWIMMT DA? WAS SCHWIMMT DA?
ZEICHNE ES.

DIE LÄNGSTE STRECKE, DIE EIN MENSCH BISHER JE OHNE HILFE UND OHNE ANZUHALTEN GESCHWOMMEN IST, BETRÄGT DERZEIT 124,4 KILOMETER. DIESEN REKORD STELLTE CHLOE MC CARDEL 2014 AUF. SIE BRAUCHTE DAFÜR 41 STUNDEN UND 21 MINUTEN! WÄHREND SIE SCHWAMM, WURDE SIE MEHRMALS VON SEEWESPEN VERBRANNT, ABER ZUM GLÜCK NICHT VON DEN SEHR GIFTIGEN, DIE MENSCHEN TÖTEN KÖNNEN.

SAMMLE AM STRAND VERSCHIEDENE

DINGE, DIE DAS MEER GLATTGESCHLIFFEN HAT:

KIESELSTEINE (OVALE STEINE, DIE VOM WASSER GESCHLIFFEN WURDEN), HOLZSTÜCKE, MUSCHELN UND GLAS. MALE SIE IN DAS BUCH, DANN MALE IN EINER ANDEREN FARBE, WIE SIE VORHER AUSGESEHEN HABEN KÖNNTEN. BESCHRIFTE SIE.

DAS WASSER IM MEER IST STÄNDIG IN BEWEGUNG: WELLEN SCHLAGEN ANS UFER, EBBE UND FLUT BEWIRKEN STRÖMUNGEN. ALLES WAS SICH IM WASSER BEFINDET, REIBT SICH UNENTWEGT ANEINANDER. STEINE, MUSCHELN, HOLZSTÜCKE, SOGAR EISENTEILE WERDEN SO IMMER GLATTER UND GLATTER GESCHLIFFEN.

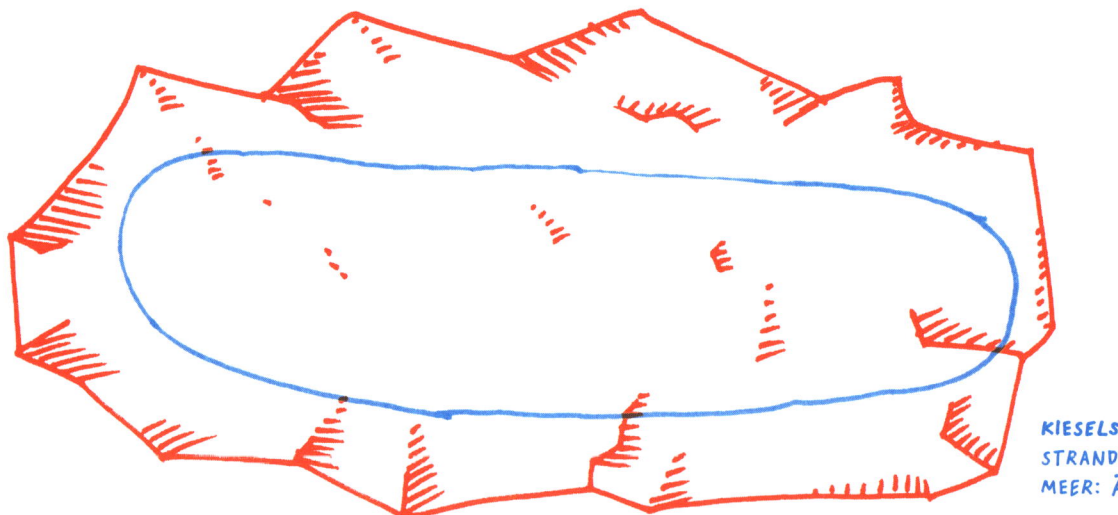

EIN STÜCK MUSCHELSCHALE
STRAND: DUBAI, VEREINIGTE ARABISCHE EMIRATE
MEER: PERSISCHER GOLF

KIESELSTEIN
STRAND: PORTHBEOR, ENGLAND
MEER: ÄRMELKANAL

DER SAND AUF DEM GRUND
WIRKT WIE SCHLEIFPAPIER
UND POLIERT ALLES,
WAS AUF IHM HIN- UND
HERROLLT UND -RUTSCHT.

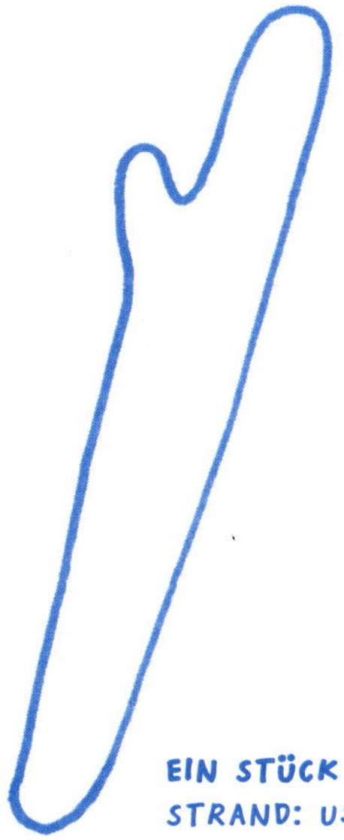

EIN STÜCK HOLZ
STRAND: USEDOM, DEUTSCHLAND
MEER: OSTSEE

VIELLEICHT WILLST DU
DEINEN EIGENEN KIESELSTEIN
MACHEN? SUCHE EINEN
KLEINEN KANTIGEN
STEIN UND VERSUCHE,
IHN MIT SCHLEIFPAPIER
GLATTZUSCHLEIFEN.

ZEICHNE AUF DIESER SEITE,
WIE ER VOR UND NACH DER
BEARBEITUNG AUSSIEHT.

ZU SCHWIERIG? VERSUCHE
ES MIT EINEM STÜCK HOLZ.

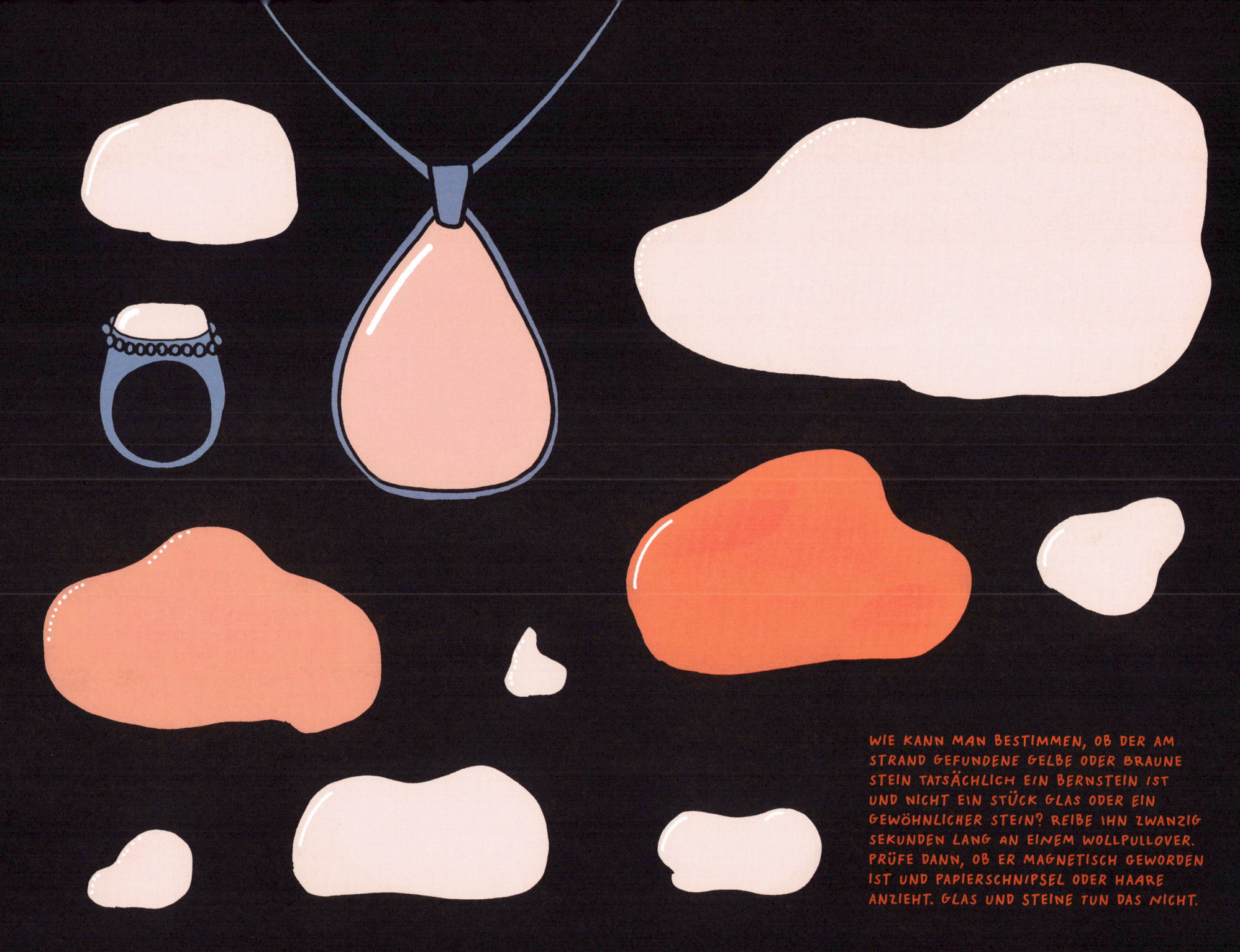

SCHAU,
WIE SCHNELL SICH DIE ERDE DREHT
ODER WIE LANG IHR HEUTE AM STRAND WART.

LEGE DAS BUCH AN DIESER STELLE AN DIE STANGE.

1. SUCHE DIR EINEN SONNIGEN TAG AUS, DEN IHR ZUM GROSSEN TEIL AN EINEM PLATZ VERBRINGT, ZUM BEISPIEL AM STRAND.

2. STECKE AM MORGEN EINE STANGE SO TIEF IN DEN SAND, DASS SIE SICH AUCH BEI STARKEM WIND NICHT BEWEGT.

3. LEGE DAS BUCH AN DEM ROTEN PUNKT AN DIE STANGE.

4. LEGE DAS BUCH SO HIN, DASS DER SCHATTEN DER STANGE ÜBER DIE GESTRICHELTE LINIE FÄLLT.* DAS BUCH MUSS FLACH AUF DEM SAND LIEGEN, DU KANNST ES MIT STEINEN BESCHWEREN, DAMIT DER WIND DIE SEITEN NICHT UMBLÄTTERT.

5. ZEICHNE DEN SCHATTEN DER STANGE NACH UND SCHREIBE DIE UHRZEIT DANEBEN. WIEDERHOLE DAS JEWEILS GENAU NACH EINER STUNDE.

* DIES FUNKTIONIERT NUR AUF DER NÖRDLICHEN HALBKUGEL OBERHALB DES WENDEKREISES DES KREBSES, ALSO IMMERHIN IN GANZ EUROPA.

SO SCHNELL, WIE DER SCHATTEN ÜBER DAS BUCH
WANDERT, SO SCHNELL DREHT SICH DIE ERDE UM
DIE EIGENE ACHSE. EINE GANZE ERDUMDREHUNG
DAUERT 24 STUNDEN, ALSO EINEN TAG.
DU HAST EINEN TEIL DIESER UMDREHUNG
DOKUMENTIERT, INDEM DU NACH JEDER STUNDE
DIE SCHATTENLINIE EINGEZEICHNET HAST.

SURFER

WARTEN AUF DIE IDEALE WELLE.

NIMM EIN BISSCHEN BLAUE PLAKATFARBE UND WASSER. TUPFE MIT DEM PINSEL EINEN GROSSEN KLECKS UNTEN AUF DIE BUCHSEITE. KIPPE DAS BUCH DANN SO, DASS DIE FARBE ZU EINER WELLE UNTER DEM BRETT DES SURFERS ODER DER SURFERIN WIRD. ALLES KLAR?
DANN VERSUCHE BEIM NÄCHSTEN BRETT, EINEN WELLENTUNNEL ZU MACHEN!

OJE! EIN KLEIN WENIG ZU HOCH, DIE WELLE!

JETZT! DAS IST SURFEN!

AUS DIESER WELLE WIRD NICHTS ...

JEDER MÖCHTE EIN FOTO VON SICH IN SOLCH EINEM TUNNEL HABEN!

SCHMÜCKE DIESE
DRACHEN
ZUM KITESURFEN ODER FOILBOARDING MIT BUNTEN MUSTERN.

DAS FOILBOARD HAT EINEN TRAGFLÜGEL UNTER DEM BODEN, DER ES BEI ENTSPRECHENDER GESCHWINDIGKEIT ÜBER DIE WASSEROBERFLÄCHE HEBT.

KITESURFBRETT

AUCH DIE WINDSURFER HÄTTEN GERNE HÜBSCHE SEGEL!

PRÜFE,
WELCHE DINGE SCHWIMMEN UND WELCHE UNTERGEHEN.

1. FORME EINE GROSSE KUGEL AUS KNETE UND LEGE SIE IN EINE SCHÜSSEL MIT WASSER.

DIE KUGEL GEHT UNTER.

AUF JEDES DING AUF UNSEREM PLANETEN WIRKT SCHWERKRAFT EIN. SIE ZIEHT ES AN DIE ERDE — UMSO STÄRKER, JE SCHWERER ES IST.

WENN SICH ABER ZWISCHEN EINEM OBJEKT UND DER ERDE WASSER BEFINDET, DRÜCKT DAS WASSER ES DURCH DEN **AUFTRIEB** NACH OBEN.

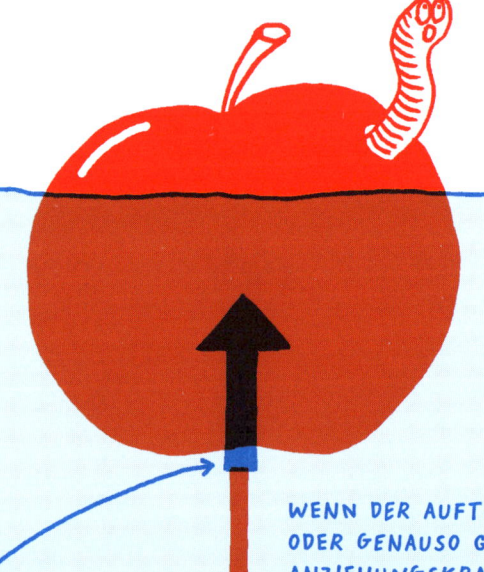

WENN DER AUFTRIEB GRÖSSER ODER GENAUSO GROSS WIE DIE ANZIEHUNGSKRAFT IST, SCHWIMMT DAS OBJEKT IM WASSER.

WENN DER AUFTRIEB KLEINER ALS DIE SCHWERKRAFT IST, GEHT DAS OBJEKT UNTER.

2. FISCHE DIE KUGEL HERAUS UND KNETE AUS IHR EIN SCHIFF, DAS INNEN HOHL IST. SETZE ES VORSICHTIG AUFS WASSER.

SCHWIMMT DAS SCHIFF AUF DEM WASSER? WENN NICHT, MUSST DU DIE BORDWÄNDE HÖHER MACHEN.

3. KNETE KLEINE KÜGELCHEN UND BELADE DAS SCHIFF SO LANGE, BIS ES SINKT.

4. VERÄNDERE DIE FORM DES SCHIFFES. SCHAU, WIE VIELE KUGELN DU JETZT HINEINLEGEN KANNST, OHNE DASS ES UNTERGEHT. VERSUCHE DAS MIT MEHREREN UNTERSCHIEDLICH GEFORMTEN SCHIFFEN. ZEICHNE SIE.

AUF WELCHES MODELL KONNTEST DU DIE MEISTEN KUGELN LADEN?

OB ETWAS SCHWIMMT ODER UNTERGEHT, HÄNGT NICHT NUR DAVON AB, AUS WELCHEM MATERIAL ES BESTEHT, SONDERN AUCH VON SEINER FORM. EINE HOHLE FORM KANN BEI GLEICHEM GEWICHT MEHR WASSER VERDRÄNGEN.

OBWOHL SCHIFFE AUS STAHL UND HUNDERTE TONNEN SCHWER SIND, KÖNNEN SIE SCHWIMMEN, WEIL SICH IN IHREM INNEREN LUFT BEFINDET. WENN WIR ABER SÄMTLICHE LUFT DURCH SCHWERE LADUNG ERSETZEN, GEHT DAS SCHIFF UNTER.

WASSER IST NICHT GLEICH WASSER.

Wie schwer Wasser ist, hängt davon ab, wie viel Salz es enthält und wie warm es ist.

Finde heraus, welches Wasser am schwersten ist und welches am leichtesten. Zeichne den Inhalt des Glases.

Du brauchst:
- vier rohe Eier
- vier Gläser
- Plakatfarbe
- einen Eiswürfel
- Salz

Was passiert warum?

1. Fülle das Glas zur Hälfte mit Wasser. Lege ein Ei hinein.

Süsswasser (so sagt man zu Wasser, das nicht salzig ist) ist leichter als das Ei, also sinkt es auf den Boden.

2. Fülle das Glas zur Hälfte mit Wasser. Schütte Salz hinein und rühre um, bis sich das Salz aufgelöst hat. Lege ein Ei in das Glas.

Salzwasser ist schwerer als das Ei, also schwimmt das Ei an der Oberfläche.

3. MACHE DASSELBE WIE IN PUNKT 2 UND SCHÜTTE LANGSAM UNGESALZENES, ABER MIT EIN WENIG FARBE VERMISCHTES WASSER DAZU.

4. MACHE DAS GLEICHE WIE IN PUNKT 3 UND LEGE DEN EISWÜRFEL INS GLAS.

SÜSSWASSER IST LEICHTER ALS SALZWASSER, ALSO SCHWIMMT SÜSSWASSER ÜBER DEM SALZWASSER. DAS EI IST SCHWERER ALS SÜSSWASSER, ABER LEICHTER ALS SALZWASSER, ALSO SCHWIMMT ES AUF DEM SALZWASSER, ABER UNTER DEM SÜSSWASSER.

GEFRORENES WASSER IST LEICHTER ALS FLÜSSIGES WASSER, ALSO SCHWIMMT DAS EIS AUF DEM SÜSSWASSER. WEITER UNTEN SCHWIMMT DAS EI, UND DAS SALZWASSER BEFINDET SICH GANZ UNTEN.

MEERWASSER

IST SALZIG. ES HAT EINEN SALZIG-BITTEREN GESCHMACK UND IST FÜR MENSCHEN UND DEN GROSSTEIL DER LANDTIERE NICHT TRINKBAR.

SALZWASSER VERSTÄRKT DEN DURST, UND WENN MAN ZU VIEL DAVON TRINKT, TROCKNET MAN AUS.

IN VIELEN WARMEN LÄNDERN HERRSCHT MANGEL AN TRINKBAREM SÜSSWASSER. IN REICHEREN LÄNDERN BAUT MAN SOGENANNTE ENTSALZUNGSANLAGEN, MIT DENEN MAN AUS SALZWASSER SÜSSWASSER GEWINNT.

ÜBER 97% DES WASSERS AUF DER ERDE IST SALZWASSER!

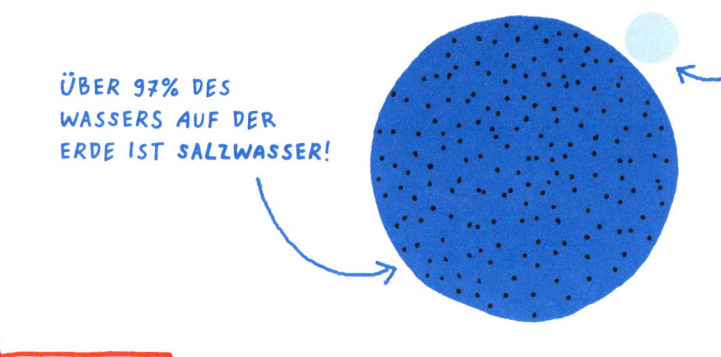

NUR 3% DES WASSERS AUF UNSEREM PLANETEN IST SÜSSWASSER. EIN GROSSTEIL DAVON IST IN GLETSCHERN EINGEFROREN.

EINE MIT DAMPF BETRIEBENE TURBINE ERZEUGT STROM.

ES GIBT VERSCHIEDENE ARTEN VON ENTSALZUNGSANLAGEN.

IN DEN EINEN WIRD DAS WASSER ENTSALZT, INDEM MAN ES ERHITZT. DER ENTSTEHENDE WASSERDAMPF KONDENSIERT UND IST NUN SÜSSWASSER. SOLCHE ANLAGEN SIND OFT MIT HEIZKRAFTWERKEN VERBUNDEN.

DIESE ENTSALZUNGSANLAGEN FUNKTIONIEREN NACH EINEM ÄHNLICHEN PRINZIP WIE DAS ENTSALZUNGSGERÄT, DAS DU AUF DER NÄCHSTEN SEITE SELBST BAUEN KANNST.

IN ANDEREN ANLAGEN WIRD DAS WASSER MIT HOHEM DRUCK DURCH MEMBRANEN GEPUMPT, DIE DAS SALZ ZURÜCKHALTEN.

SALZWASSER WIRD AUS DEM MEER ENTNOMMEN.

EIN FILTER FILTERT DEN SCHMUTZ HERAUS.

EIN SIEB VERHINDERT, DASS TIERE EINGESAUGT WERDEN.

DERZEIT WERDEN ENTSALZUNGSANLAGEN ENTWICKELT, IN DENEN DIE SALZE IM WASSER DURCH ELEKTRISCHE LADUNG IN EINEN KANAL GELEITET WERDEN UND DAS SO ENTSALZTE WASSER DURCH EINEN ANDEREN KANAL ABFLIESST.

DER STROM FÜR DIESE ANLAGEN SOLL AUS SONNENKOLLEKTOREN STAMMEN.

BAUE EINE ENTSALZUNGSANLAGE.

DU BRAUCHST:
- EINE GROSSE SCHÜSSEL
- EIN GLAS
- FRISCHHALTEFOLIE
- ZWEI STEINE
- SALZWASSER

1. FÜLLE DIE SCHÜSSEL ZUR HÄLFTE MIT SALZWASSER UND STELLE SIE AN EINEN SONNIGEN ORT (IM WINTER AN DIE HEIZUNG).

2. DAS GLAS STELLST DU IN DIE MITTE DER SCHÜSSEL. TAUCHE ES VORSICHTIG INS WASSER EIN, SODASS KEIN SALZWASSER HINEINFLIESST. LEGE EINEN KIESELSTEIN INS GLAS, DAMIT ES NICHT SCHWIMMT.

3. BEDECKE DIE SCHÜSSEL MIT DER FOLIE. LEGE DIE FOLIE GUT UM DIE AUSSENWAND HERUM (DIE ENTSALZUNGSANLAGE SOLLTE DICHT SEIN).

4. LEGE DEN STEIN ÜBER DEM GLAS AUF DIE FOLIE UND DRÜCKE IHN LEICHT NACH UNTEN.

5. WARTE EIN PAAR STUNDEN, NIMM DIE FOLIE AB UND SCHAUE NACH, WIE VIEL WASSER DEINE ANLAGE ENTSALZT HAT. PROBIERE DAS WASSER: WIE SCHMECKT ES?

UNTER DEM EINFLUSS VON WÄRME VERDAMPFT DAS WASSER. DER DAMPF STEIGT NACH OBEN, DAS SALZ BLEIBT UNTEN.

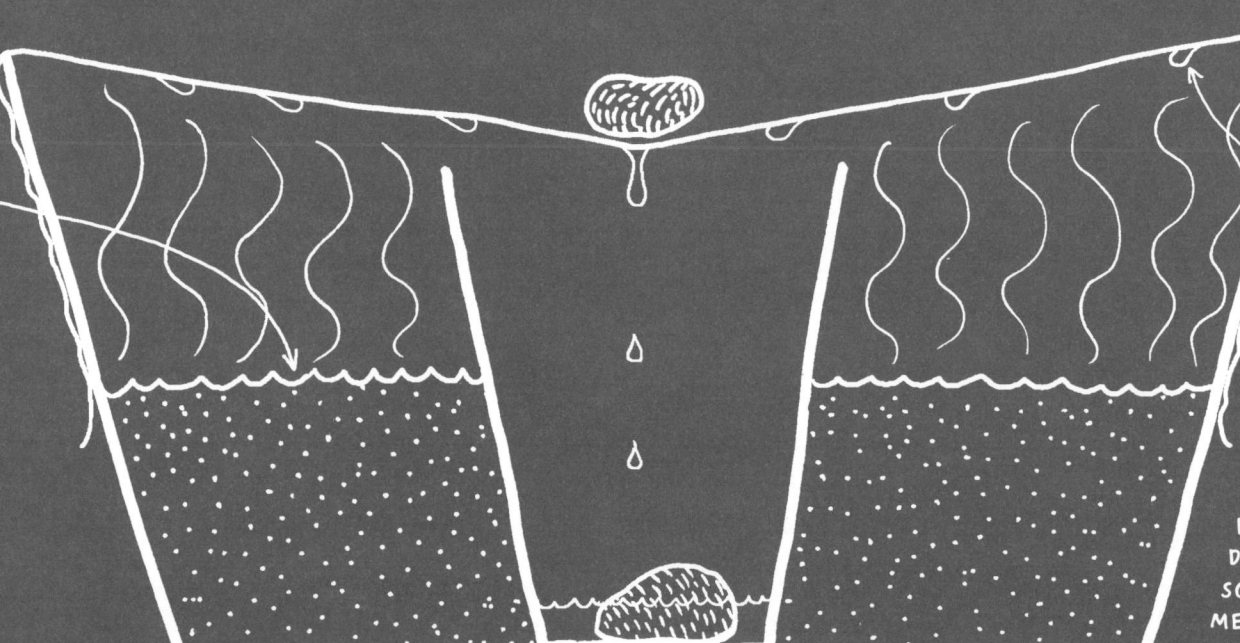

DER WASSERDAMPF KONDENSIERT AN DER FOLIE.

RETTUNGSBOOTE ODER RETTUNGSINSELN SIND OFT MIT EINEM GERÄT ZUM ENTSALZEN VON MEERWASSER AUSGESTATTET, DIE NACH DEM GLEICHEN PRINZIP FUNKTIONIEREN. DANK IHNEN KÖNNEN SCHIFFBRÜCHIGE AUS MEERWASSER TRINKWASSER GEWINNEN.

ZEICHNE,
WER DIESEN WASSERTROPFEN GETRUNKEN HAT,

UND ZWAR LANGE BEVOR ER IN DEINEN BAUCH GELANGT IST.

ALLES WAS DU TRINKST, VERLÄSST DEINEN KÖRPER ALS URIN, GELANGT IN DIE FLÜSSE UND FLIESST MIT IHNEN INS MEER. DORT VERDUNSTET ES, STEIGT NACH OBEN UND VERWANDELT SICH IN WOLKEN. AUS DEN WOLKEN FÄLLT ES ALS REGEN ODER SCHNEE ZURÜCK AUF DIE ERDE UND GELANGT IN DIE FLÜSSE UND VON DORT AUS WIEDER IN UNSERE WASSERHÄHNE.

DIESER KREISLAUF EXISTIERT SCHON SEIT MILLIONEN VON JAHREN. DAS BEDEUTET, DASS VON DEMSELBEN TROPFEN SCHON MILLIARDEN VON PFLANZEN UND TIEREN PROFITIERT HABEN, SOGAR DIE DINOSAURIER!

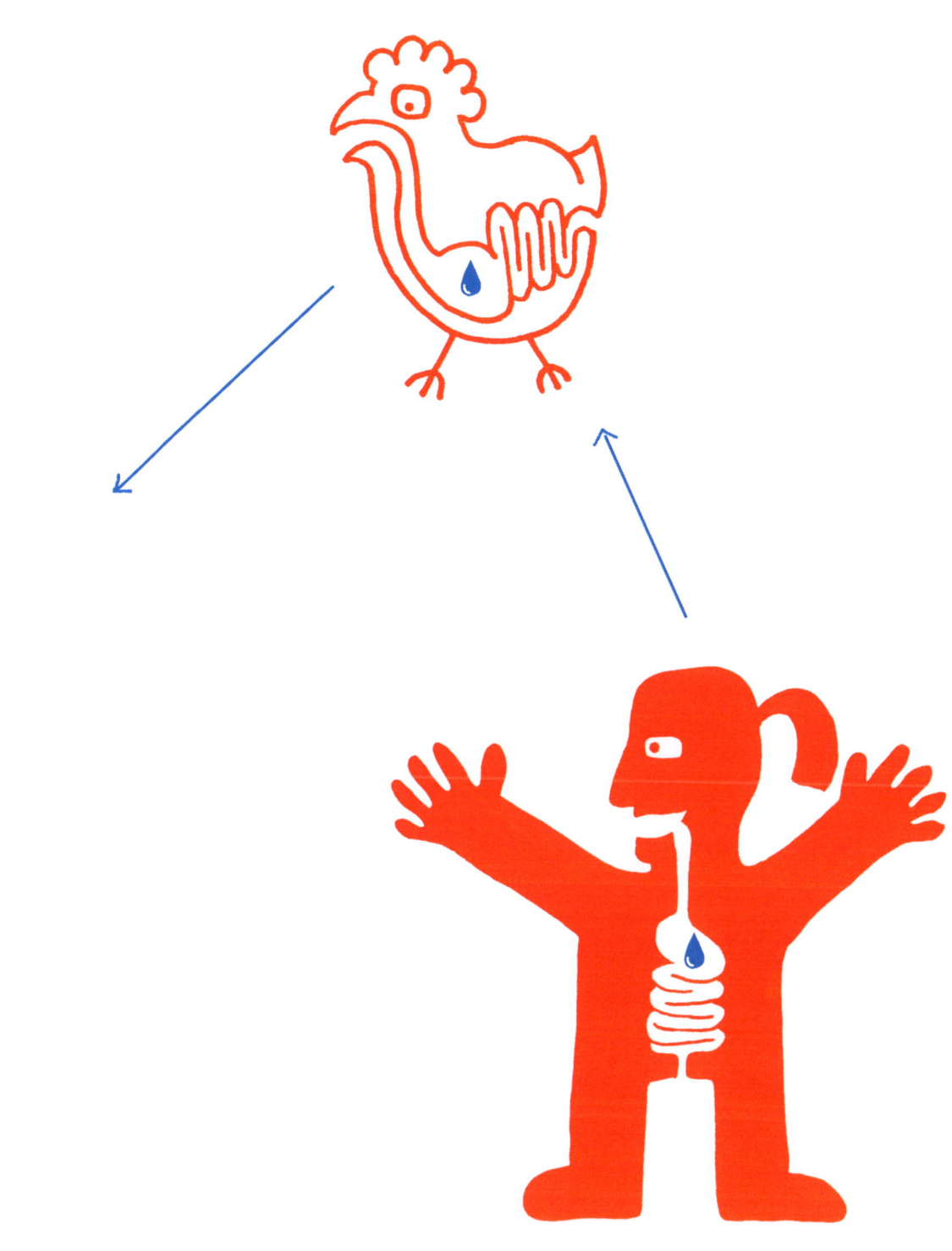

WAS MACHT DER WASSERDRUCK?

DU BRAUCHST:
- EINE PLASTIKFLASCHE
- EINE REISSZWECKE ODER EINEN ZIRKEL
- KLEBEBAND

1. STICH MIT DER REISSZWECKE ODER DEM ZIRKEL UNTEREINANDER EINE REIHE VON FÜNF LÖCHERN IN DIE FLASCHE.

2. VERKLEBE ALLE LÖCHER MIT EINEM LANGEN STÜCK KLEBEBAND.

3. FÜLLE DIE FLASCHE MIT WASSER UND STELLE SIE AN DEN RAND DES SPÜLBECKENS, SODASS DIE LÖCHER ZUM SPÜLBECKEN ZEIGEN.

4. REISSE DAS KLEBEBAND AB.

ZEICHNE, WELCHE FORM DIE WASSERSTRAHLEN HABEN, DIE AUS DEN LÖCHERN FLIESSEN. WELCHER REICHT AM WEITESTEN, WELCHER AM WENIGSTEN WEIT?

DER UNTERSTE STRAHL REICHT AM WEITESTEN UND IST DER STÄRKSTE, DER OBERSTE REICHT AM WENIGSTEN WEIT UND IST DER SCHWÄCHSTE. WARUM? WEIL IM UNTERSTEN LOCH DER DRUCK AM GRÖSSTEN IST: DORT LASTET DAS GEWICHT DES GANZEN WASSERS, DAS SICH DARÜBER BEFINDET. ÜBER DEM OBERSTEN LOCH BEFINDET SICH VIEL WENIGER WASSER, ALSO IST DER DRUCK DORT AM GERINGSTEN.

JE TIEFER DU IM WASSER BIST, DESTO GRÖSSER IST DER WASSERDRUCK.

0 M

Luft ist sehr leicht, aber dennoch hat auch sie ein Gewicht. Wenn du an Land stehst, lastet eine etwa 100 Kilometer hohe Luftsäule auf dir, die ungefähr 10 Tonnen wiegt.*

Das spürst du nicht, denn dein Körper besteht zum grössten Teil aus Wasser, dessen Druck von innen den Luftdruck von aussen ausgleicht. In der Lunge und anderen Hohlräumen im Körper herrscht ein ähnlicher Druck wie ausserhalb deines Körpers.

* Auf dieser und den nächsten Seiten wird das Gewicht von Wasser und Luft dargestellt, das auf einem Kind lastet. Seine Körperoberfläche beträgt mehr oder weniger einen Quadratmeter. Bei Erwachsenen ist sie anderthalb bis zwei mal grösser.

-2 M

Wasser ist viel schwerer als Luft. Eine Wassersäule, die sich über dir befindet, wiegt 2 Tonnen. Das bedeutet, wenn du dich zwei Meter unter der Wasseroberfläche befindest, lasten insgesamt 12 Tonnen auf dir: 2 Tonnen Wasser und 10 Tonnen Luft über dem Wasser.

Wenn du tauchst und die Ohren nicht entlüftest (dafür hält man sich die Nase zu und versucht durch sie auszuatmen), bekommst du Schmerzen im Trommelfell. Warum? Weil der Druck von aussen auf das Trommelfell zunimmt, je tiefer du tauchst, aber der Druck im Innern des Ohrs sich nicht automatisch anpasst.

-10 M

Die zehn Meter hohe Wassersäule über dir wiegt 10 Tonnen. Das bedeutet, dass in einer Tiefe von zehn Metern 20 Tonnen auf dir lasten, das Gewicht eines grösseren LKW.

Bei solch einem Druck können Menschen auch durch Schläuche keine Luft mehr von der Oberfläche holen. Deshalb braucht man für längere Tauchgänge eine Spezialausrüstung.

ZEICHNE,

WIE VIEL DAS WASSER UND DIE LUFT WIEGEN,

DIE IN UNTERSCHIEDLICHEN WASSERTIEFEN AUF DIR LASTEN.

TAUCHER KÖNNEN SO TIEF TAUCHEN, WEIL SIE GEPRESSTE LUFT AUS FLASCHEN ATMEN. DEREN DRUCK WIRD AUTOMATISCH DEM DRUCK ANGEPASST, DER AUF DEM KÖRPER LASTET. DER DRUCK DER LUNGEN ENTSPRICHT ALSO DEM DES WASSERS.

IN TIEFEN VON MEHR ALS 30 METERN WIRD ANSTELLE VON LUFT SOGENANNTES ATEMGAS VERWENDET: EINE MISCHUNG AUS HELIUM MIT SAUERSTOFF UND STICKSTOFF, ODER EINE MISCHUNG AUS HELIUM, WASSERSTOFF ODER NEON MIT SAUERSTOFF.

-40 M

IST DIE GRENZE BEIM SPORTTAUCHEN. IN DIESER TIEFE LASTEN AUF DEINEM KÖRPER 4A TONNEN WASSER UND 40 TONNEN LUFT, ALSO INSGESAMT 54 TONNEN GEWICHT. DAS IST DIE MASSE EINES GROSSEN PASSAGIERFLUGZEUGS.

-332 M

DIE REKORDTIEFE BEIM TAUCHEN MIT ATEMGERÄT. IN DIESER TIEFE WÜRDE DER DRUCK AUF DEINEN KÖRPER 352 TONNEN BETRAGEN. DAS IST DIE MASSE VON ZWEI BLAUWALEN, DEN SCHWERSTEN TIEREN AUF DER ERDE.

-610 M

DER TAUCHREKORD IN EINEM PANZERTAUCHANZUG, ALSO EINEM STEIFEN ANZUG, IN DEM DERSELBE DRUCK WIE AN DER OBERFLÄCHE HERRSCHT. OHNE DEN TAUCHANZUG LASTETEN AUF DEINEM KÖRPER 638 TONNEN. SO VIEL KANN EIN GROSSES WOHNHAUS WIEGEN.

-10.984 M

DER TIEFSTE ERFORSCHTE PUNKT AUF DER ERDE. IN DIESER TIEFE BETRÄGT DER DRUCK AUF DEINEN KÖRPER 11.324 TONNEN. DAS IST DIE MASSE EINES KLEINEN PASSAGIERSCHIFFS.

U-BOOTE, DIE FÜR DIE ERFORSCHUNG SOLCHER TIEFEN GEEIGNET SIND, MÜSSEN BESONDERS STARK GEBAUT SEIN. SONST WÜRDE SIE DER WASSERDRUCK ZERQUETSCHEN.

ERFORSCHE EIN

SCHIFFSWRACK.

FÄRBE DAS INNERE DES WRACKS MIT EINEM BLEISTIFT DUNKEL UND BENUTZE DANN DEN RADIERGUMMI ALS LAMPE.

ZEICHNE, WAS SICH IM WRACK BEFINDET. LIEGEN DARIN GERÄTE? ODER VERROSTETE ANKER, ALTE SEILE UND FRACHT? ODER STÖSST MAN IM WRACK SOGAR AUF EINE LEICHE?

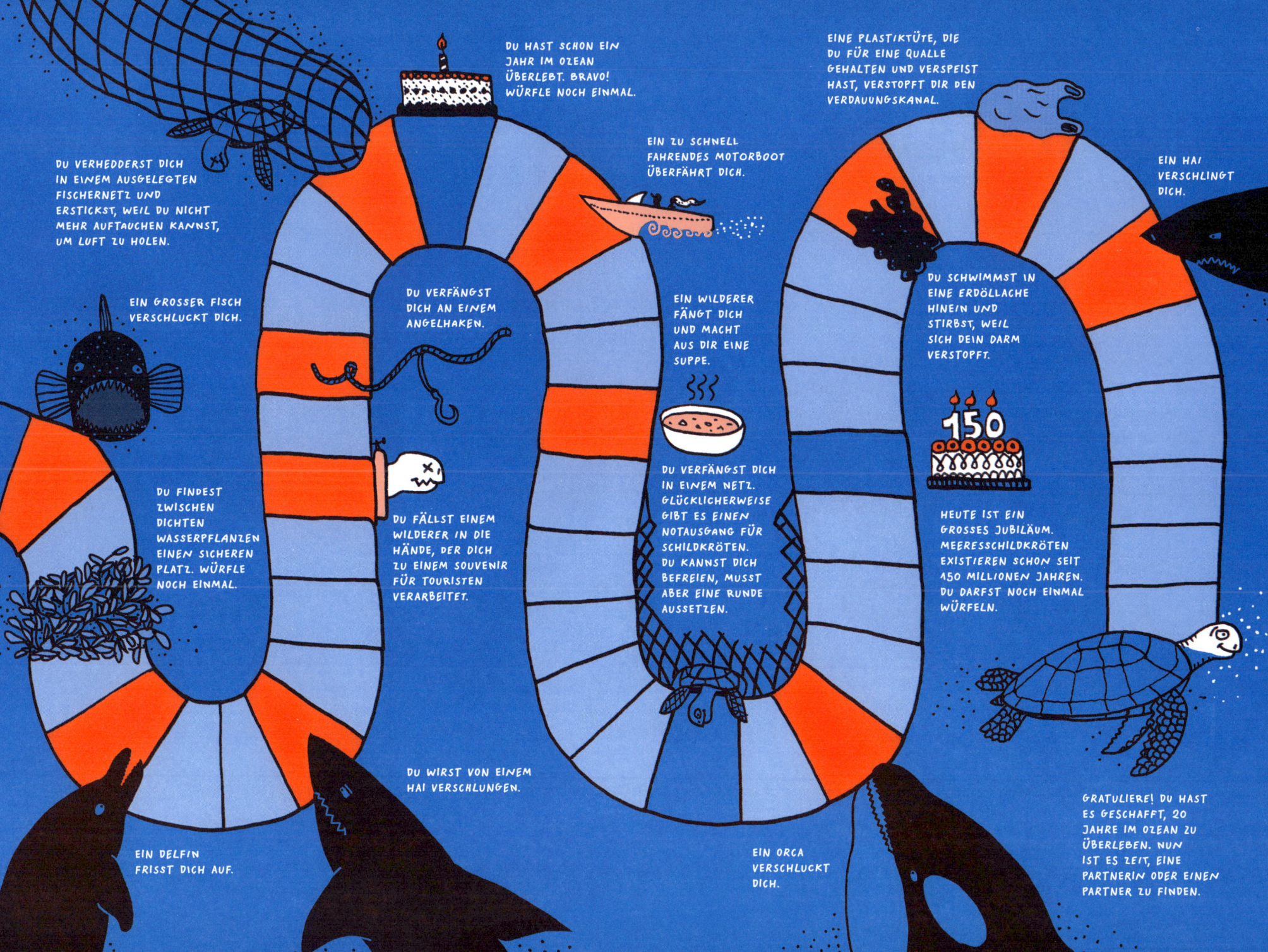

MALE EINE
SCHWAMMKOLONIE.
BENUTZE PLAKATFARBEN, EINEN
KÜCHENSCHWAMM UND EINEN PINSEL.

SCHWÄMME SIND PRIMITIVE TIERE, DIE AUF DEM
MEERESBODEN LEBEN. SIE EXISTIEREN SCHON
SEIT ÜBER 600 MILLIONEN JAHREN. SIE SIND
SEHR EINFACH GEBAUT: EINE ART BEUTEL, MIT
SEHR DICKEN WÄNDEN. SIE ERNÄHREN SICH,
INDEM SIE DAS WASSER FILTERN, DAS DURCH SIE
HINDURCHFLIESST. EINIGE ARTEN HABEN EIN
STEIFES SKELETT, BEI DEN MEISTEN IST ES
ABER AUS WEICHEN FASERN GEBAUT.

FÜR DIESE WEICHEN
SCHWÄMME INTERESSIEREN
SICH DIE MENSCHEN SCHON
SEIT LANGER ZEIT. SIE
KÖNNEN EXTREM VIEL WASSER
SPEICHERN. MAN VERWENDETE
SIE ZUR KÖRPERPFLEGE,
ALS FILTER FÜR WASSER
ODER EINFACH UM WASSER
AUFZUSAUGEN.

Im Mittelmeer tauchten vor allem die Griechen schon in der Antike nach Schwämmen, früher ohne jede Ausrüstung. Das war sehr gefährlich. Viele Schwammtaucher ertranken dabei.

Später wurden Tauchanzüge verwendet. Durch sie war es möglich, länger unter Wasser zu bleiben und mehr Schwämme zu sammeln. Schliesslich gab es fast keine Schwämme mehr. Ausserdem wurden viele vom verschmutzten Wasser krank.

Heute benutzt man vor allem Schwämme aus synthetischem Material. So können sich die Schwammtier-Kolonien auf dem Grund des Mittelmeers langsam wieder erholen.

DIE KÖRPER VIELER MEERESTIERE SIND
SYMMETRISCH.
DAS HEISST, SIE BESTEHEN AUS ZWEI GLEICHEN TEILEN, DIE IN DER MITTE ZUSAMMENGESETZT SIND. VOLLENDE DIE ZEICHNUNGEN.

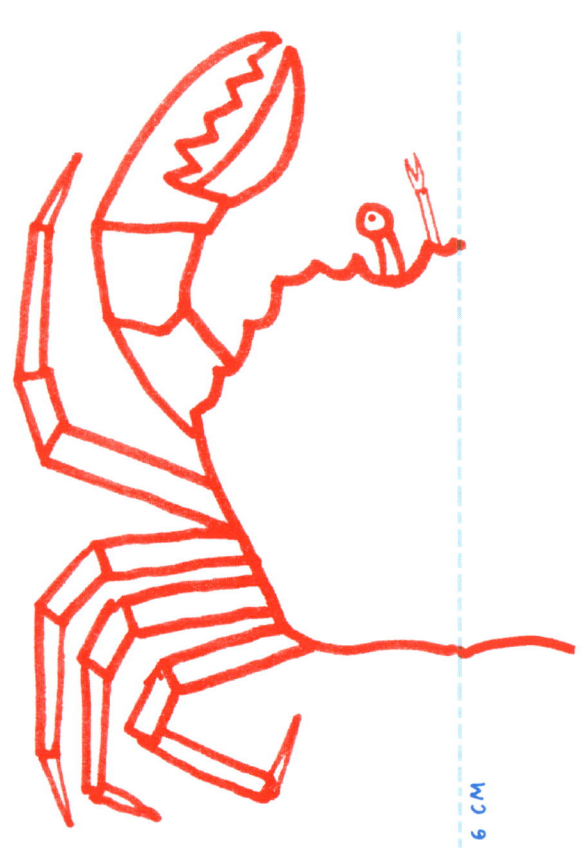

6 CM

STRANDKRABBE

10 CM

DER KRAKE HAPALOCHLAENA LUNULATA

EINIGE MEERESLEBEWESEN HABEN EINEN KÖRPER, DER AUS ZWEI FAST GLEICHEN TEILEN BESTEHT. DER EINE IST DAS SPIEGELBILD DES ANDEREN. GENAUSO IST ES AUCH BEIM MENSCHEN. MAN NENNT DAS ZWEISEITIGE SYMMETRIE.

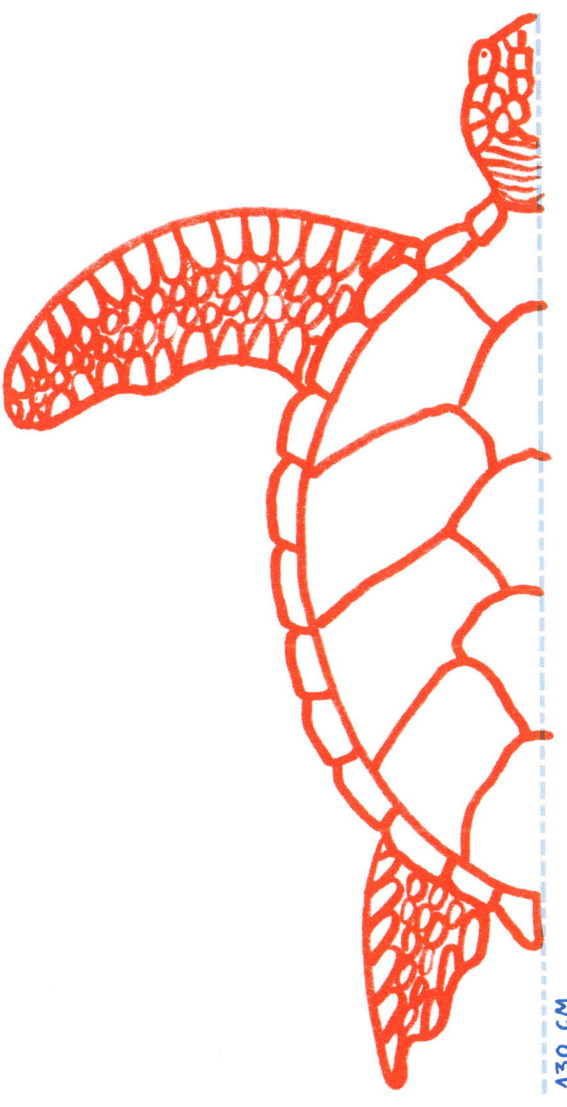

130 CM

ECHTE KARETTSCHILDKRÖTE

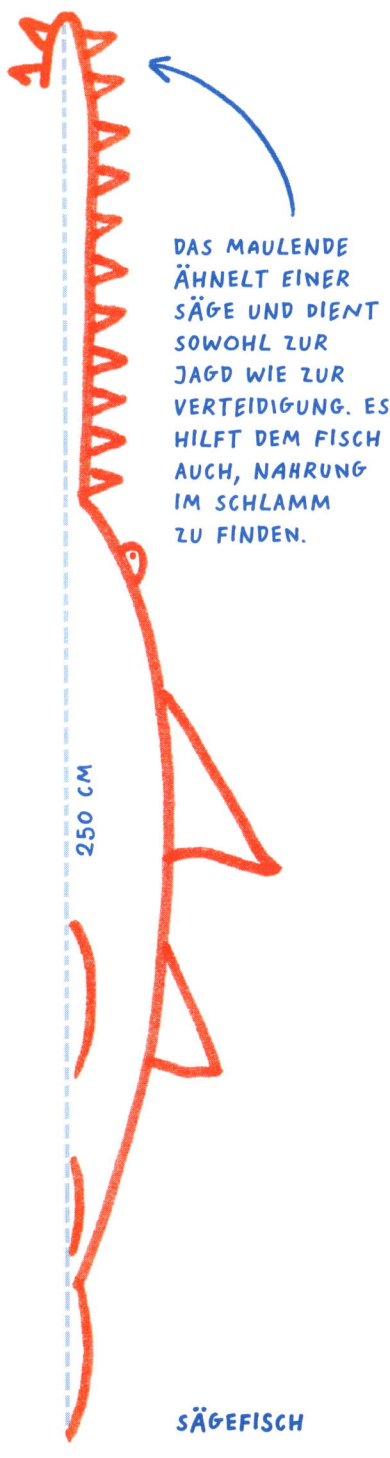

DAS MAULENDE ÄHNELT EINER SÄGE UND DIENT SOWOHL ZUR JAGD WIE ZUR VERTEIDIGUNG. ES HILFT DEM FISCH AUCH, NAHRUNG IM SCHLAMM ZU FINDEN.

250 CM

SÄGEFISCH

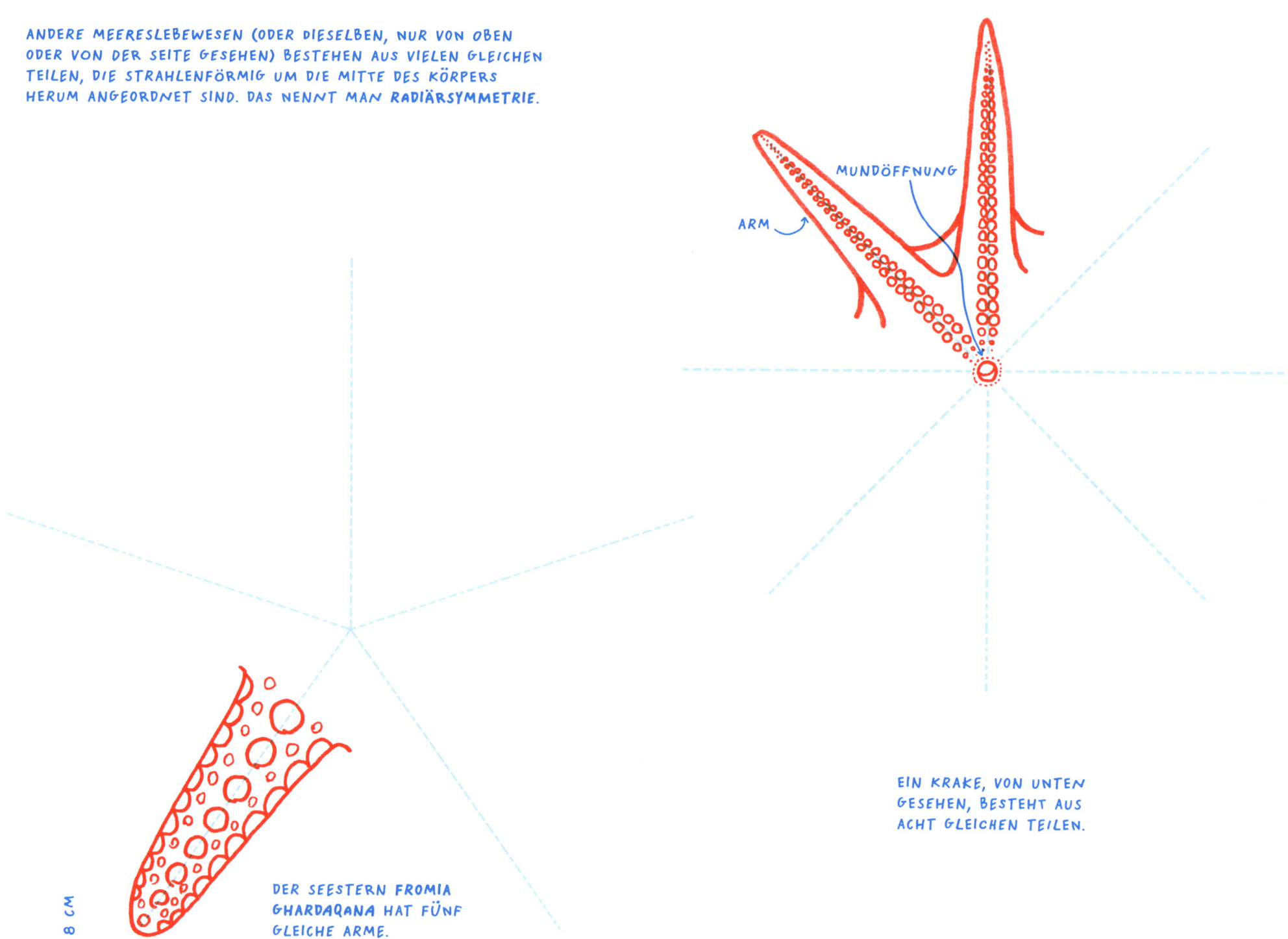

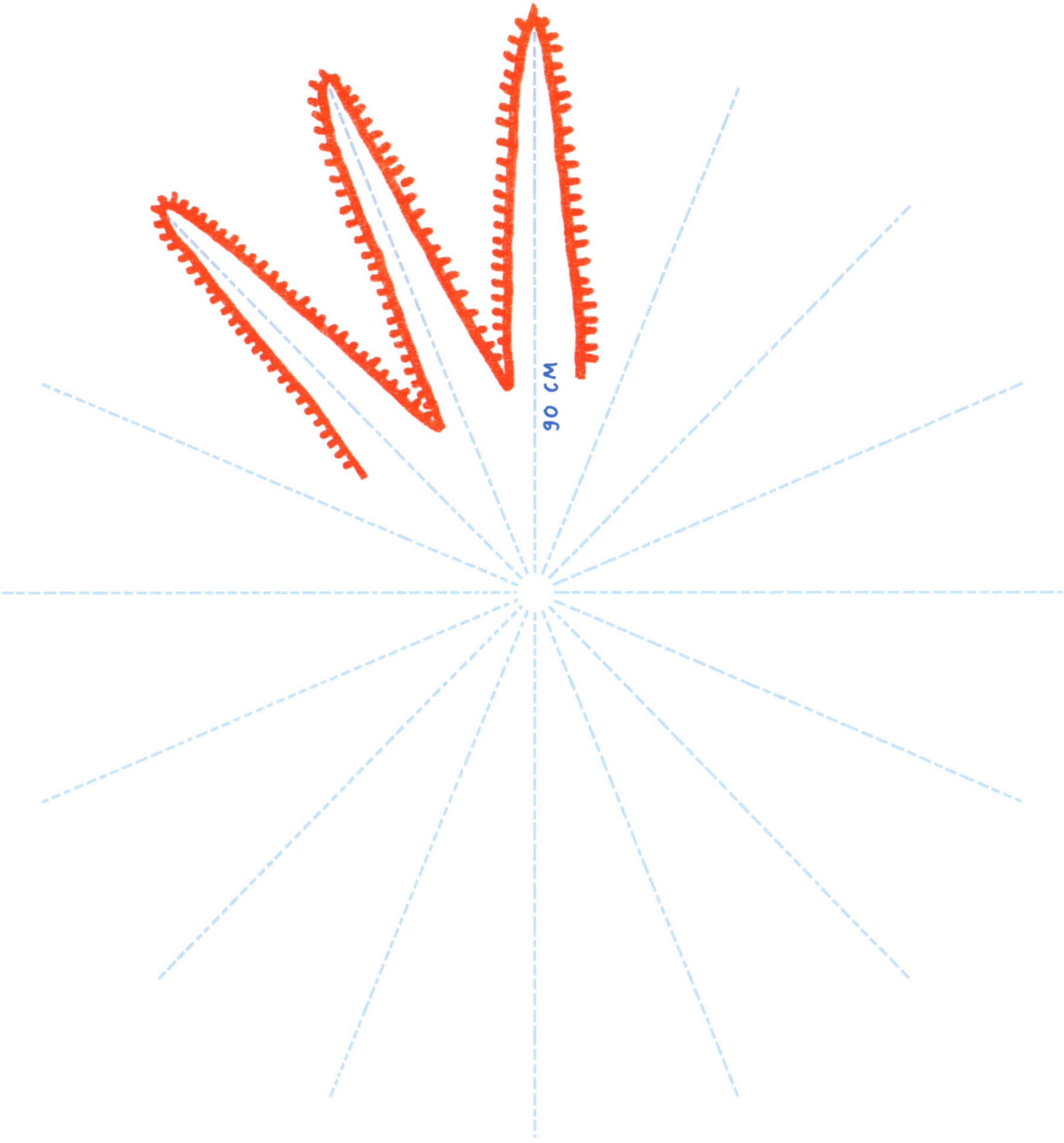

90 CM

BEI DER VON OBEN BETRACHTETEN PFERDEAKTINIE IST DIE MUNDÖFFNUNG VON EINEM KRANZ AUS GLEICHEN TENTAKELN UMGEBEN.

DER DORNENKRONENSEESTERN HAT JE NACH ART 16 BIS 24 GLEICHE ARME.

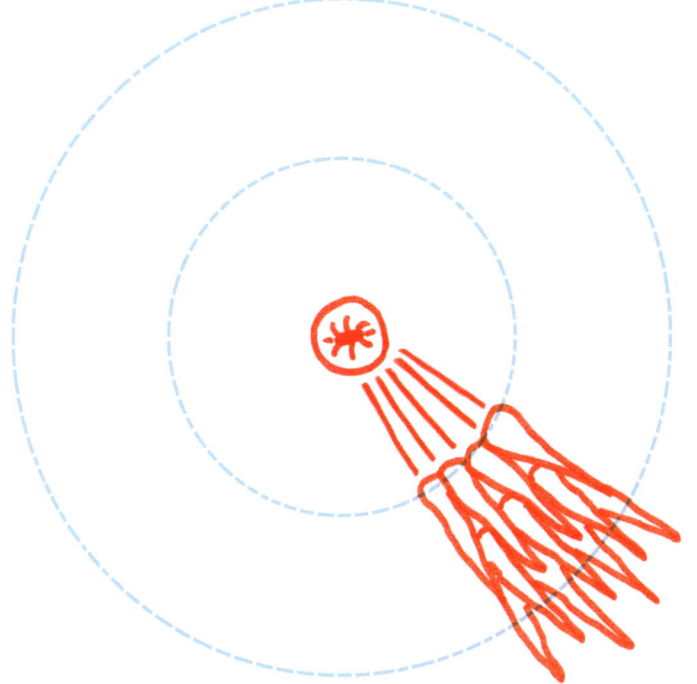

7 CM

MACHE EINE QUALLE

UND FANGE EIN FISCHCHEN!

DU BRAUCHST:
- EINE FLASCHE MIT WEITEM FLASCHENHALS UND DECKEL.
- EINE DÜNNE PLASTIKTÜTE
- BUNTE FÄDEN
- EINE BÜROKLAMMER AUS METALL
- EIN STÜCK ALUFOLIE
- EIN GLAS
- EINEN FILZSTIFT
- EINE SCHERE

1. SCHNEIDE AUS DER PLASTIKTÜTE EIN QUADRAT VON 20 × 20 CM AUS. MALE MIT FILZSTIFT EIN MUSTER IN DIE MITTE.

2. LEGE DAS PLASTIKQUADRAT AUF DAS GLAS UND DRÜCKE ES LEICHT NACH UNTEN. GIESSE EIN WENIG WASSER IN DIE VERTIEFUNG.

DAS IST DER SCHIRM DER QUALLE.

3. NIMM DIE ÜBERSTEHENDE FOLIE UND DREHE SIE SO ZUSAMMEN, DASS DAS WASSER DARIN BLEIBT.

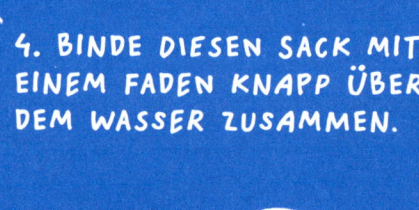

4. BINDE DIESEN SACK MIT EINEM FADEN KNAPP ÜBER DEM WASSER ZUSAMMEN.

5. SCHNEIDE DAS PLASTIK ÜBER DEM KNOTEN SO EIN, DASS LANGE STREIFEN ENTSTEHEN (DAS SIND DIE ARME DER QUALLE). DIE HÄLFTE DER STREIFEN SCHNEIDEST DU AB.

6. BINDE BUNTE FÄDEN DORT FEST, WO DER KNOTEN IST (DAS SIND DIE TENTAKEL).

7. DRÜCKE DIE QUALLE VORSICHTIG DURCH DEN FLASCHENHALS. FÜLLE DIE FLASCHE RANDVOLL MIT WASSER, SODASS KEINE LUFT MEHR IN IHR IST.

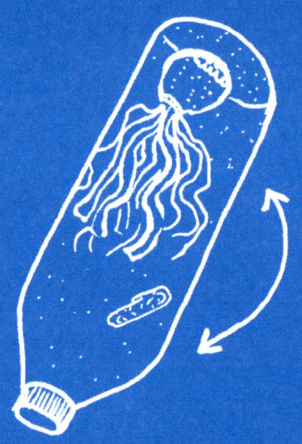

8. UMWICKLE DIE BÜROKLAMMER MIT ALUFOLIE UND LEGE SIE IN DIE FLASCHE (DAS IST DER FISCH). DREHE UND BEWEGE DIE FLASCHE SO LANGE, BIS DIE QUALLE DEN FISCH GEFANGEN HAT.

Quallen sind räuberische Meerestiere. Die grössten haben zwei Meter grosse Schwimmglocken und wiegen 200 Kilo. Ihre durchsichtigen, gallertartigen Körper bestehen zu 99% aus Wasser.

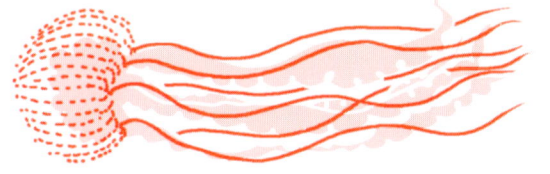

LEUCHTQUALLE

Vielleicht findest du die Quallen ein bisschen kompliziert, aber sie sind perfekt an das Leben im Wasser angepasst. Deshalb überleben sie in den Meeren und Ozeanen schon seit über 600 Millionen Jahren!

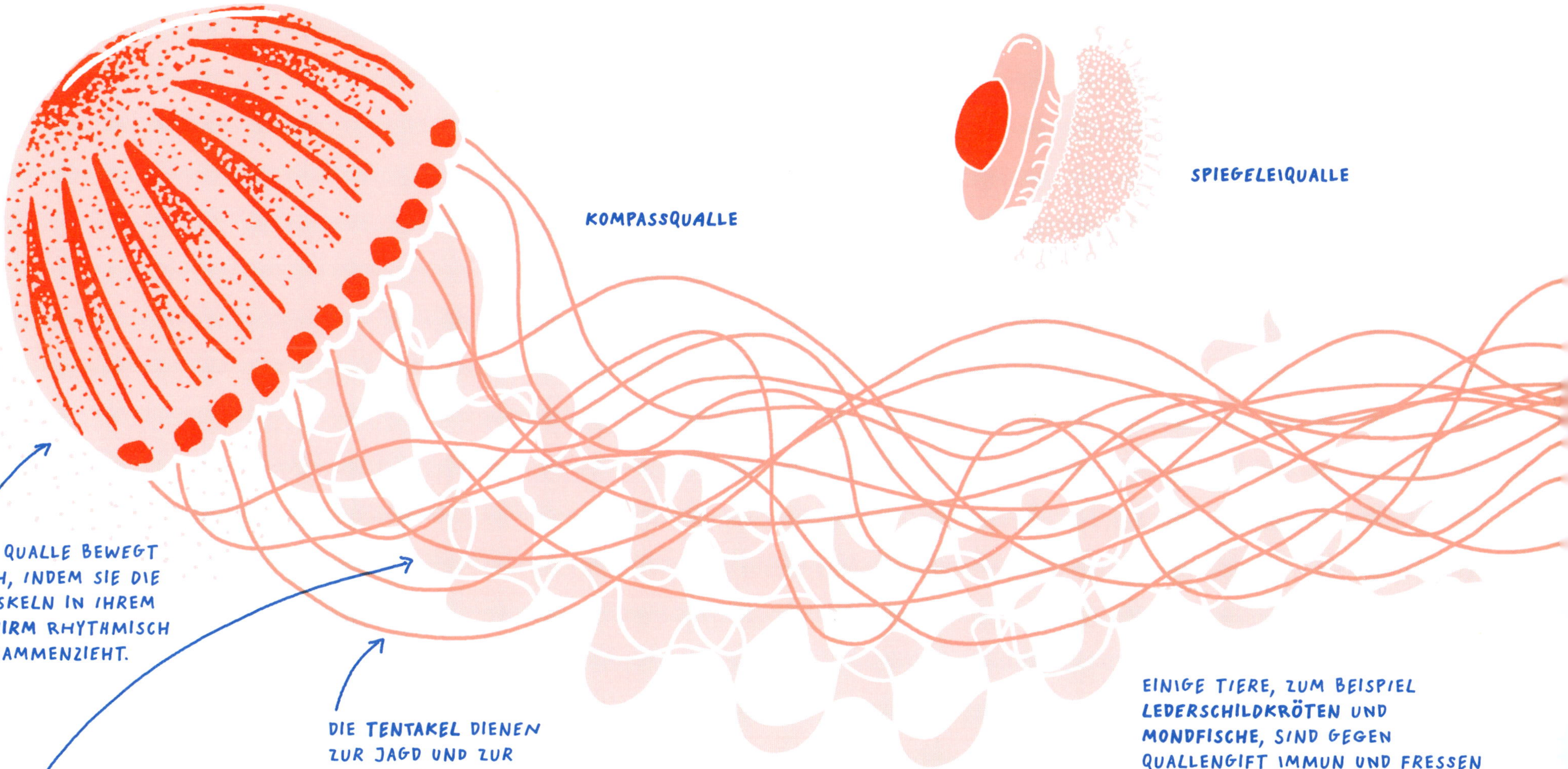

SPIEGELEIQUALLE

KOMPASSQUALLE

Die Qualle bewegt sich, indem sie die Muskeln in ihrem Schirm rhythmisch zusammenzieht.

Die Tentakel dienen zur Jagd und zur Verteidigung.

Die Arme sind rings um die Mundöffnung angeordnet. Die Qualle zieht mit ihnen die Beute ins Innere des Schirms.

Einige Tiere, zum Beispiel **Lederschildkröten** und **Mondfische**, sind gegen Quallengift immun und fressen sie sehr gerne. Sie haben spezielle Zähne, die es ihnen erleichtern, die glitschigen Körper zu fangen. Leider fangen sie anstelle von Quallen oft Plastiktüten und sterben dann.

GIB DIESEN QUALLEN
TENTAKEL.
VERWENDE DAFÜR BUNTE FÄDEN UND GARN, DIE DU MIT TESAFILM AN DIE QUALLEN IM BUCH KLEBST.

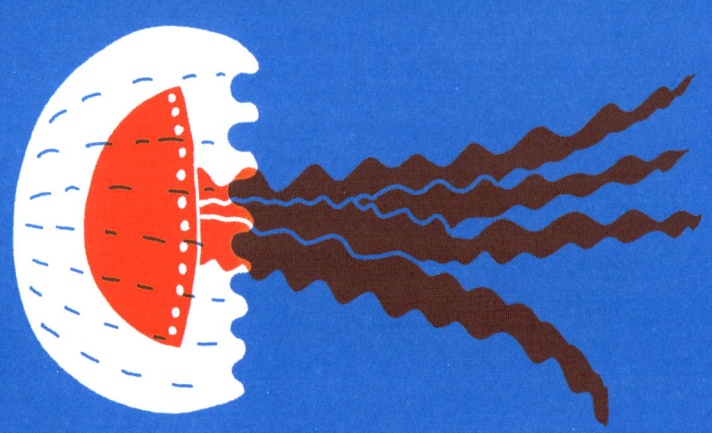

DIE TENTAKEL SIND MIT NESSELN AUSGESTATTET, WELCHE GIFT ABSONDERN. DIESES GIFT KANN SEHR STARK SEIN. BEIM SCHWIMMEN TÖTEN SIE DAMIT FAST ALLES, WAS IHNEN IN DEN WEG KOMMT. VIELE QUALLEN SIND AUCH FÜR MENSCHEN GEFÄHRLICH.

DIE TENTAKEL KÖNNEN AUCH BEI KLEINEN QUALLEN MEHRERE METER LANG SEIN.

DIE IN DER OSTSEE LEBENDE OHRENQUALLE IST FÜR MENSCHEN UNGEFÄHRLICH.

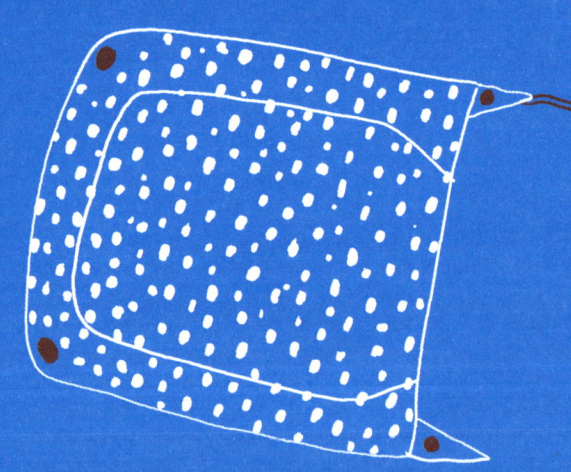

ZU DEN GEFÄHRLICHSTEN QUALLEN GEHÖREN DIE WÜRFELQUALLEN. DIE BEKANNTESTE IST DIE SEEWESPE. SIE LEBT AN DEN KÜSTEN AUSTRALIENS. IHR GIFT KANN EINEN ERWACHSENEN MANN IN WENIGEN MINUTEN TÖTEN.

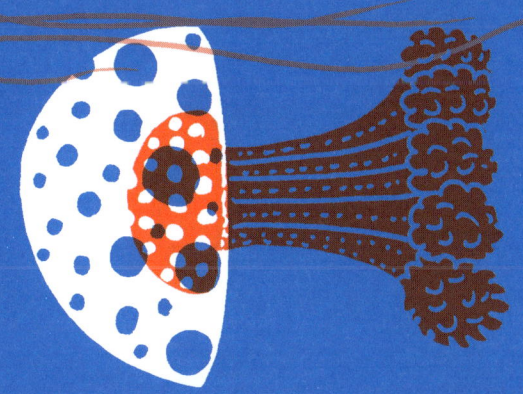

DIE TENTAKEL DÜRFEN
WEIT ÜBER DAS BUCH
HINAUSREICHEN.

PLANKTON

SIND WINZIGE ORGANISMEN, DIE IM MEER LEBEN. EIN LÖFFEL MEERWASSER KANN MILLIONEN VON IHNEN ENTHALTEN. WENN MAN SIE VERGRÖSSERT, SEHEN SIE AUS, ALS KÄMEN SIE AUS EINER ANDEREN GALAXIE. ZEICHNE SIE, WIE DU SIE DIR VORSTELLST. JEDES VON IHNEN SOLL ANDERS AUSSEHEN!

ZOOPLANKTON BESTEHT AUS WINZIGEN IM MEERWASSER TREIBENDEN TIERISCHEN LEBEWESEN WIE BAKTERIEN, KRILL (KLEINE, GARNELENARTIGE KREBSE), EIER UND LARVEN VON FISCHEN, SEESTERNEN, SEEIGELN UND VIELEN ANDEREN TIERCHEN ODER JUNGTIEREN (AUF DEN FOLGENDEN SEITEN WIRST DU VIER BEISPIELE DAFÜR SEHEN).

WINZIGE ALGEN, DIE IM WASSER TREIBEN, HEISSEN **PHYTOPLANKTON**. SIE PRODUZIEREN DIE HÄLFTE DES SAUERSTOFFS AUF DER ERDE!

PLANKTON IST DIE NAHRUNG VIELER TIERE. KLEINE SARDINEN LEBEN DAVON, ABER AUCH MANCHE WALE UND HAIE.

TOTES PLANKTON SINKT AUF DEN MEERESGRUND. NACH MILLIONEN VON JAHREN WIRD AUS DEN KÖRPERN DIESER KLEINEN ORGANISMEN ERDÖL UND AUS IHREN FEINEN SCHALEN FELSEN.

Wie sehen diese WINZIGEN MEERESBEWOHNER wohl aus, wenn sie gross geworden sind? Zeichne sie.

Die einen werden einfach grösser und grösser, andere verändern sich, bis man ihre ursprüngliche Gestalt nicht mehr erkennt. Aber suche keine Bilder in Büchern oder im Internet. Stelle sie dir vor!

Dieser Mondfisch ist aus einem von 300 Millionen Eiern geschlüpft, die seine Mutter gelegt hat. Wenn er grösser wird, verliert er die Schwanzflosse und die Stacheln, aber dafür wird er zwei Meter lang.

Der Schwertfisch ist einer der schnellsten Fische der Welt. Ein erwachsenes Exemplar kann vier Meter lang werden!

DIESE KRABBE WIRD VIEL GRÖSSERE
SCHEREN HABEN, ABER IHRE AUGEN
WACHSEN FAST GAR NICHT.

ODER DIESER KLEINE KALMAR?
WIE GROSS WIRD ER SEIN? WIRD
ER SICH STARK VERÄNDERN?

PHYTOPLANKTON BESTEHT AUS ALGEN, DIE SICH MIT HILFE VON SONNENENERGIE AUS KOHLENSTOFFDIOXID UND NÄHRSTOFFEN ENTWICKELN.

DIE BAKTERIEN UND WINZIGEN LEBEWESEN, DIE DAS ZOOPLANKTON BILDEN. SIE ERNÄHREN SICH VON PHYTOPLANKTON, FRESSEN SICH ABER AUCH GEGENSEITIG.

ÜBERALL, IN DEN MEEREN, ABER AUCH AUF DEM LAND, MUSS JEDES LEBEWESEN FRESSEN UND WIRD SELBST GEFRESSEN. DIE FOLGENDEN FRESSENDEN TIERE UND JENE, DIE GEFRESSEN WERDEN, BILDEN DIE SOGENANNTE

NAHRUNGSKETTE.
ZEICHNE SIE.

DER FINNWAL FRISST ZOOPLANKTON.

EIN KLEINER FISCH FRISST ZOOPLANKTON.

EIN HUMMER FRISST DEN KLEINEN FISCH.

EIN GRÖSSERER FISCH FRISST DEN HUMMER.

EIN TOTER FINNWAL WIRD ZUR NAHRUNG FÜR HUNDERTE MEERESTIERE, PFLANZEN UND BAKTERIEN UND AUCH FÜR DAS PLANKTON.

AUCH MÖWEN FRESSEN FISCHE. WENN EIN TIER AN LAND HINTERHER DIE MÖWE FRISST, VERBINDET SICH DIE NAHRUNGSKETTE AN LAND MIT DER DES MEERES.

EIN HAI FRISST DEN THUNFISCH.

EIN KRAKE FRISST DEN GRÖSSEREN FISCH.

DER TOTE HAI WIRD ZUR NAHRUNG FÜR HUNDERTE MEERESTIERE, PFLANZEN UND BAKTERIEN UND AUCH FÜR DAS PLANKTON.

EIN THUNFISCH FRISST DEN KRAKEN.

UNTER DEN SEEVÖGELN GIBT ES EINIGE
REKORDHALTER.
SCHNEIDE FÜR SIE FLÜGEL AUS PAPIER AUS UND KLEBE SIE IHNEN AN. MALE FEDERN DAZU.

KLEBE DIE FLÜGEL NUR AM KÖRPER AN, SODASS DIE VÖGEL MIT IHNEN FLIEGEN KÖNNTEN.

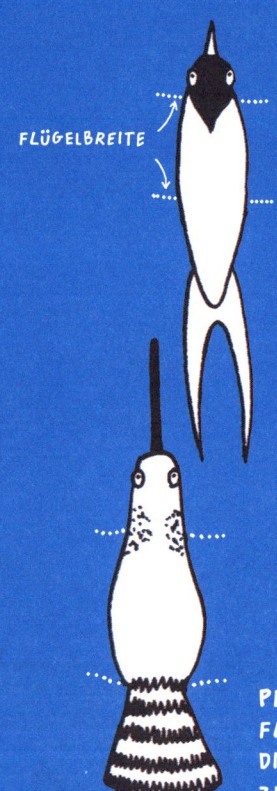

FLÜGELBREITE

KÜSTENSEESCHWALBE
FLÜGELSPANNWEITE: BIS 85 CM
DER ZUGVOGEL MIT DEM WEITESTEN ZUGWEG.

PFUHLSCHNEPFE
FLÜGELSPANNWEITE: BIS 80 CM
DIE WEITESTEN FLÜGE OHNE ZWISCHENLANDUNG.

SEESCHWALBEN VERMEHREN SICH IM SOMMER IN DEN NÖRDLICHEN LÄNDERN EURASIENS UND NORDAMERIKAS. WENN ES DORT KALT UND DUNKEL WIRD, ZIEHEN SIE IN DEN SÜDEN – SIE FLIEGEN VON NORD NACH SÜD ÜBER DIE GANZE ERDKUGEL BIS ZUM PACKEIS IN DIE ANTARKTIS. SIE FLIEGEN IM DURCHSCHNITT 70.000 KILOMETER PRO JAHR. IM LAUFE IHRES LEBENS KANN DIE SEESCHWALBE SOGAR EINE MILLION KILOMETER ERREICHEN.

DER LÄNGSTE DOKUMENTIERTE FLUG DER PFUHLSCHNEPFE DAUERTE 200 STUNDEN, ALSO MEHR ALS 8 TAGE. IN DIESER ZEIT ÜBERWAND DER VOGEL 11.500 KILOMETER!

FLÜGELSPANNWEITE IN ZENTIMETERN

0   10   20   30   40   50   60   70   80   90   100   110   120   130   140   150   160

WANDERALBATROS
FLÜGELSPANNWEITE: BIS 350 CM
DIE LÄNGSTEN FLÜGEL, DER TREUESTE PARTNER

WANDERALBATROSSE LEBEN IN DEN SÜDLICHEN GEWÄSSERN ALLER OZEANE. DEN GROSSTEIL IHRER ZEIT VERBRINGEN SIE DAMIT, FISCHE ZU JAGEN ODER AUF DEM WASSER AUSZURUHEN. AN LAND HALTEN SIE SICH NUR ZUR BRUTZEIT AUF, UNGEFÄHR ALLE ZWEI JAHRE EINMAL.

DIE SUCHE KANN BIS ZU 13 JAHRE DAUERN, ABER WENN SICH ALBATROSPAARE FINDEN, BLEIBEN SIE BIS ZUM ENDE IHRES LEBENS ZUSAMMEN. SIE KÖNNEN BIS ZU 50 JAHRE ALT WERDEN!

IHR ERSTES LEBENSJAHR VERBRINGEN WANDERALBATROSSE AN LAND. DANN SUCHEN SIE SICH EIN SEEGEBIET, IN DEM SIE BLEIBEN. WENN ES ZEIT IST, EINE FAMILIE ZU GRÜNDEN, KEHREN SIE ZU IHREM GEBURTSORT ZURÜCK.

ALBATROSSE SIND AUSGEZEICHNETE SEGELFLIEGER. SIE KÖNNEN STUNDENLANG IN DER LUFT BLEIBEN, OHNE IHRE FLÜGEL ZU BEWEGEN. DABEI HELFEN IHNEN BESONDERE SEHNEN, DIE DIE AUSGESTRECKTEN FLÜGEL FIXIEREN.

ZUM VERGLEICH
STADTTAUBE
FLÜGELSPANNWEITE: BIS 70 CM

An dieser Steilküste leben

PAPAGEIEN-TAUCHER.

Zeichne die Vögel und ihre Nester.

Papageientaucher haben Füsse mit Schwimmhäuten und kräftige Schnäbel, mit denen sie den Tunnel graben, der zu ihrem Nest führt: eine grosse, mit Gras ausgepolsterte Höhle. Dort zieht das Papageientaucherpaar seine Küken auf.

Die meiste Zeit im Jahr leben Papageientaucher einsam auf dem Meer. Im Frühling bilden die erwachsenen Vögel Kolonien an unzugänglichen, grasbewachsenen Steilküsten. Eine solche Kolonie kann aus Zehntausenden Paaren bestehen.

Der Schrei von Papageientauchern erinnert an das Geräusch einer Kettensäge.

Junge Papageientaucher sind graubraun und haben noch ziemlich kleine Schnäbel.

DIE HÖCHSTEN STEILKÜSTEN SIND ÜBER 1.000 METER HOCH.

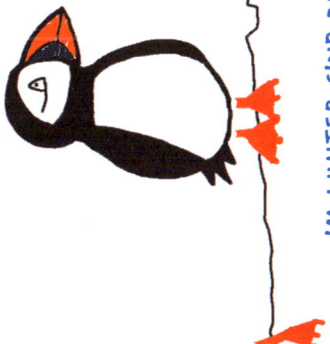

IM WINTER SIND DIE SCHNÄBEL DER PAPAGEIENTAUCHER BLASSORANGE. ZUM FRÜHLING HIN BEKOMMEN SIE EIN AUFFÄLLIGES ROT-SCHWARZES MUSTER. MALE SIE AN.

PAPAGEIENTAUCHER KÖNNEN SEHR SCHNELL FLIEGEN UND ÜBER 40 METER TIEF TAUCHEN. ZEICHNE, WIE SIE FISCHEN.

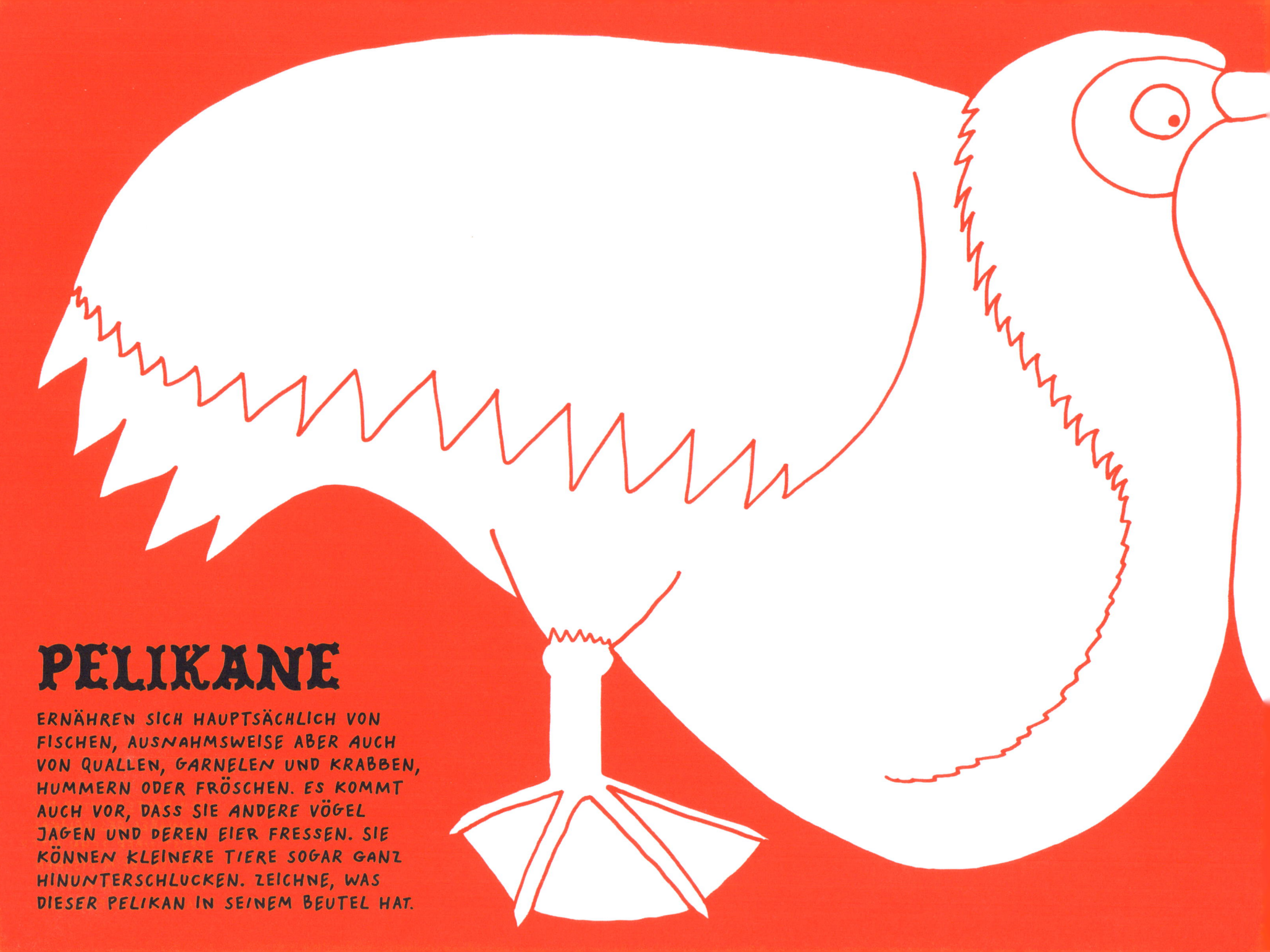

PELIKANE

ERNÄHREN SICH HAUPTSÄCHLICH VON FISCHEN, AUSNAHMSWEISE ABER AUCH VON QUALLEN, GARNELEN UND KRABBEN, HUMMERN ODER FRÖSCHEN. ES KOMMT AUCH VOR, DASS SIE ANDERE VÖGEL JAGEN UND DEREN EIER FRESSEN. SIE KÖNNEN KLEINERE TIERE SOGAR GANZ HINUNTERSCHLUCKEN. ZEICHNE, WAS DIESER PELIKAN IN SEINEM BEUTEL HAT.

DER SCHNABEL EINES BRILLENPELIKANS KANN BIS ZU 50 CM LANG WERDEN. KEIN ANDERER VOGEL HAT EINEN SO LANGEN SCHNABEL!

DER BEUTEL UNTER DEM SCHNABEL DES PELIKANS FASST ÜBER ZEHN LITER WASSER. BEIM FISCHEN FÜLLT ER IHN MIT WASSER UND FISCHEN.

STEMPLE EINEN SCHWARM!

SCHNITZE AUS EINER ROHEN KARTOFFEL EINEN STEMPEL IN FORM EINES FISCHS. STEMPLE BEIDE BUCHSEITEN MIT FISCHEN VOLL. NIMM DAFÜR PLAKAT- ODER AQUARELLFARBE.

BEIM STEMPELN MUSST DU DICH NACH DEN REGELN RICHTEN, DIE IN EINEM SCHWARM HERRSCHEN:
1. ICH SCHWIMME IN DIE GLEICHE RICHTUNG WIE DER FISCH NEBEN MIR.
2. ICH HALTE IMMER DEN GLEICHEN ABSTAND ZU DEN ANDEREN FISCHEN.

FISCHE FORMEN SCHWÄRME, DAMIT ES FÜR RAUBTIERE SCHWIERIGER IST, SIE ZU FRESSEN. SO FINDEN SIE AUCH LEICHTER NAHRUNG. IM SCHWARM GIBT ES KEINEN FESTEN ANFÜHRER. ALLE FISCHE SCHWIMMEN NACH DEN OBEN GENANNTEN REGELN.

DER ATLANTIKHERING
SCHWIMMT IN SCHWÄRMEN,
DIE VIELE HUNDERT METER
LANG UND BREIT SIND
UND DIE AUS HUNDERTEN
MILLIONEN EINZELNER
FISCHE BESTEHEN!

SOWOHL SCHIFFE WIE AUCH FISCHE HABEN EIN

GERIPPE.

ZEICHNE DAS SCHIFF WEITER: DAS DECK, DIE MASTEN, DIE BORDWÄNDE, DIE SEGEL UND DIE BESATZUNG. ZEICHNE DANN DEM FISCH DIE HAUT, DIE SCHUPPEN, DIE FLOSSEN UND DIE AUGEN.

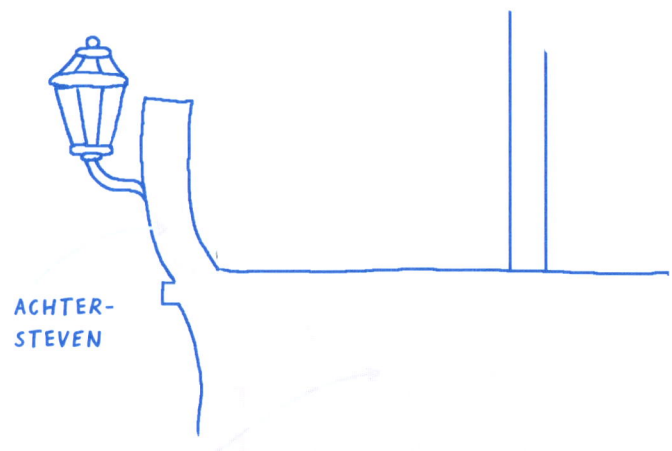

ACHTER-STEVEN

OBER- UND ZWISCHEN-DECKBALKEN

VORSTEVEN

SPANTEN

KIEL

KNOCHENFISCHE HABEN EIN SKELETT AUS GRÄTEN. IHR KÖRPER IST MEISTENS VON SICHTBAREN SCHUPPEN BEDECKT. 96% ALLER BEKANNTEN LEBENDEN FISCHARTEN SIND KNOCHENFISCHE.

KNORPELFISCHE, ALSO HAIE, ROCHEN UND SEEKATZEN, HABEN EIN SKELETT AUS KNORPEL (ÄHNLICH DEM MATERIAL, AUS DEM UNSERE OHREN UND DIE NASENSCHEIDEWAND SIND). EINIGE HABEN NACKTE HAUT, ANDERE HABEN WINZIGE SCHUPPEN, DIE AUCH HAUTZÄHNCHEN GENANNT WERDEN.

Schau dir den Kothaufen dieses Seehunds an und male die Fische bunt, die er heute gefressen hat. Bei der Lösung dieses kulinarischen Rätsels helfen dir die

OTOLITHEN,

kleine Kristalle, die sich im Hörorgan der Fische befinden. Bei jeder Art haben die Otolithen eine andere Form.

Otolithen helfen Ichthyologen (das sind Wissenschaftler, die Fische erforschen) die verschiedenen Arten zu bestimmen. Auch das Alter von Fischen lässt sich über Otolithen feststellen, denn sie haben, ähnlich wie Bäume, Jahresringe, und vergrössern sich jedes Jahr um einen Ring.

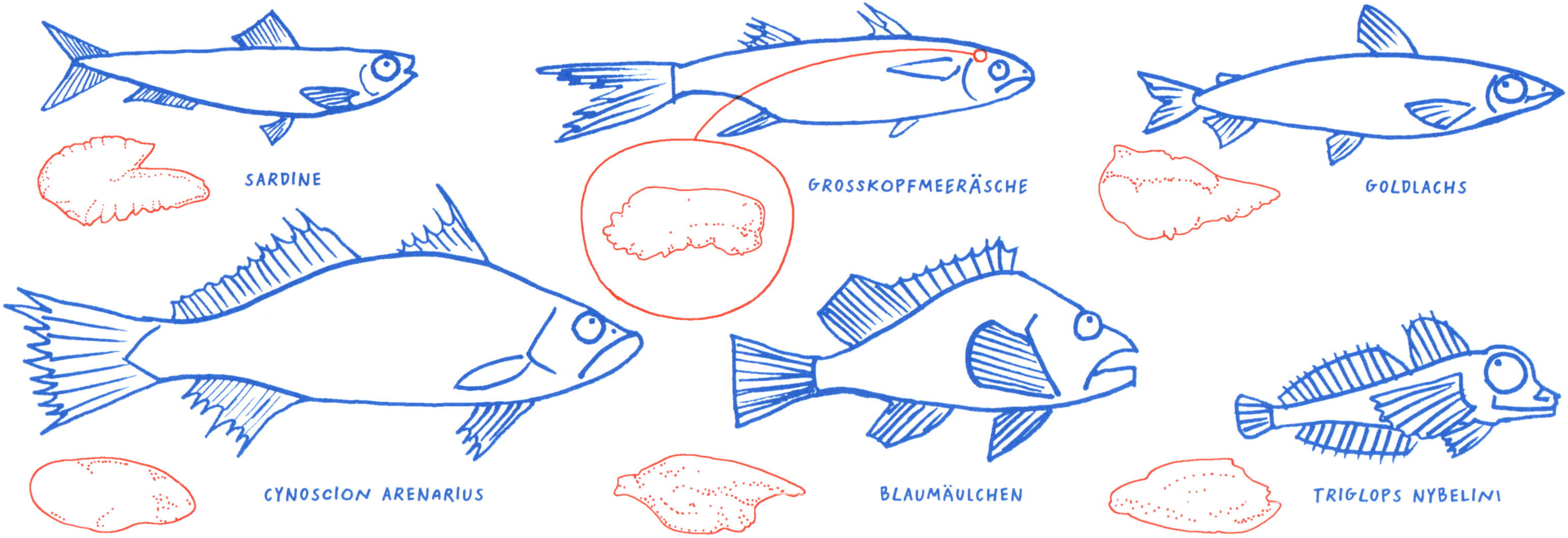

SARDINE

GROSSKOPFMEERÄSCHE

GOLDLACHS

CYNOSCION ARENARIUS

BLAUMÄULCHEN

TRIGLOPS NYBELINI

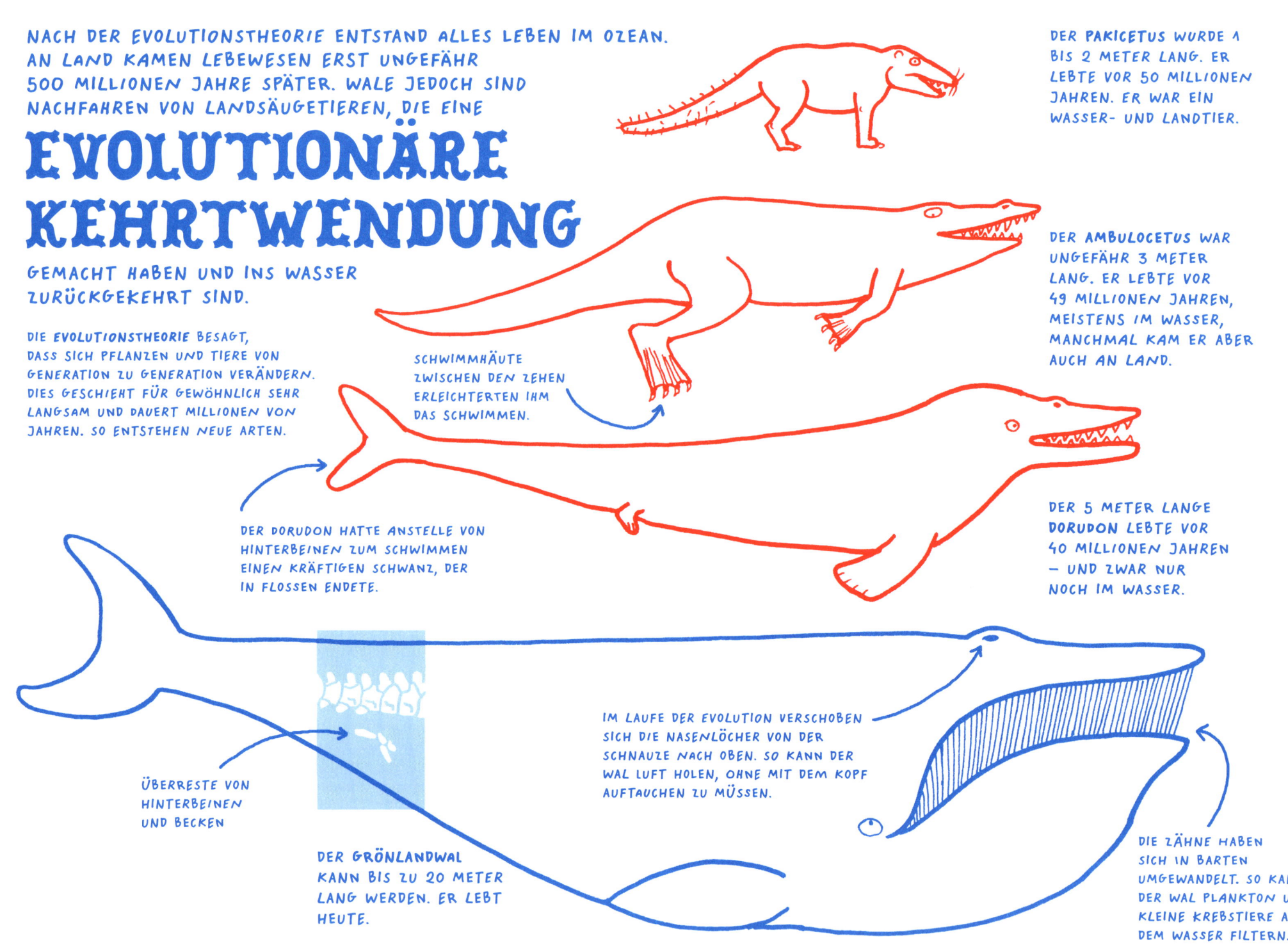

UND WENN DER MENSCH INS WASSER ZURÜCKKEHREN WÜRDE? WIE WÜRDE ER SICH VERÄNDERN? ZEICHNE DIE VERSCHIEDENEN STADIEN UND GIB IHNEN NAMEN.

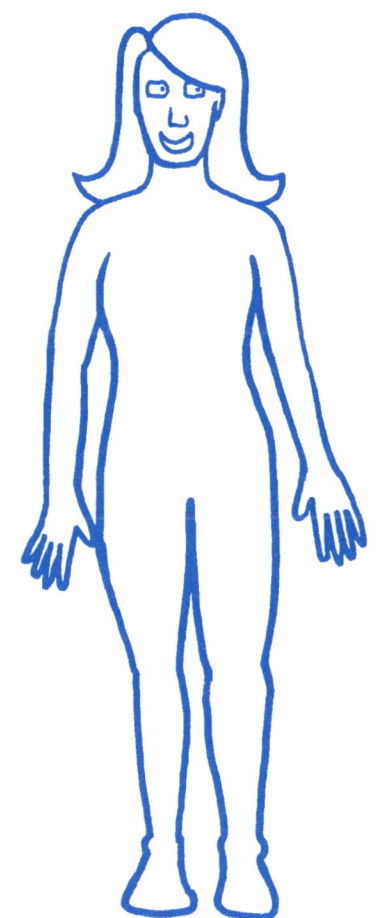

HOMO SAPIENS SAPIENS
1,7 METER GRÖSSE
HEUTE

IN 10 MILLIONEN JAHREN

IN 30 MILLIONEN JAHREN

IN 50 MILLIONEN JAHREN

BUCKELWALE

SIND HERVORRAGENDE FISCHER. SIE SCHWIMMEN UNTER EINEN SCHWARM KLEINER FISCHE UND BLASEN AUS IHREM BLASLOCH LUFTBLÄSCHEN, DIE SICH WIE EIN NETZ UM DEN SCHWARM LEGEN. DANN SCHWIMMEN SIE VON UNTEN DURCH DEN SCHWARM UND FÜLLEN IHR MAUL MIT BEUTE.

MACHE EIN NETZ AUS LUFTBLASEN!

DU BRAUCHST:
- EINEN TELLER
- EINEN LÖFFEL
- TINTE ODER ACRYLFARBE
- SPÜLMITTEL
- EINEN STROHHALM
- MEHRERE BLÄTTER PAPIER

1. MISCHE AUF DEM TELLER EINEN LÖFFEL TINTE ODER FARBE MIT EINEM LÖFFEL SPÜLMITTEL UND VIER LÖFFELN WASSER.

2. STECKE DEN STROHHALM SO TIEF WIE MÖGLICH IN DIE FLÜSSIGKEIT UND PUSTE HINEIN, DAMIT VIELE BLASEN ENTSTEHEN.

3. LEGE EIN BLATT PAPIER AUF DIE BLÄSCHEN. DREHE DAS PAPIER UM UND LASSE DIE BLÄSCHEN, DIE AN IHM FESTKLEBEN, MIT DEM FINGER PLATZEN. MACH DASSELBE MIT DEN ÜBRIGEN BLÄTTERN.

4. LEGE DIE BUCHSEITE MIT DEN ROTEN FISCHEN AUF DIE BLÄSCHEN. SO BILDET SICH EIN NETZ UM DEN HERINGSSCHWARM HERUM.

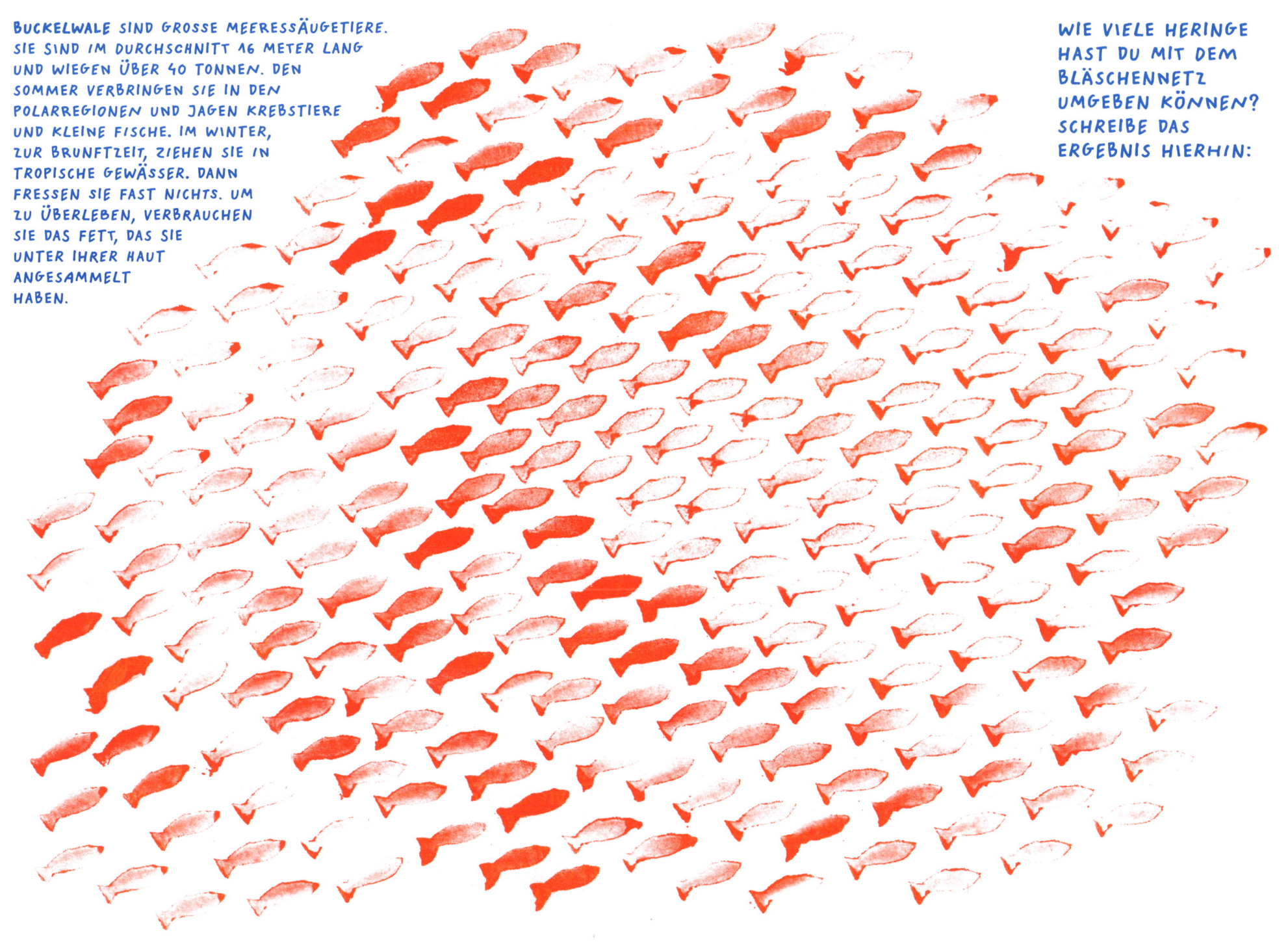

DELFINE UND ORCAS

GEHÖREN ZU DEN WENIGEN TIEREN, DIE SICH IN EINEM SPIEGEL ERKENNEN KÖNNEN. ZEICHNE DAS SPIEGELBILD DES ORCAS UND DES DELFINS AUF DEM BILD UNTEN.

UM ZU ERFAHREN, OB EIN TIER SICH SEINER SELBST BEWUSST IST, MACHEN DIE WISSENSCHAFTLER DEN SOGENANNTEN SPIEGELTEST. SIE MALEN DEM TIER EINEN PUNKT AUF DIE STIRN UND HALTEN IHM EINEN SPIEGEL HIN. WENN DAS TIER (ZUM BEISPIEL EIN ORCA) DEN PUNKT AUF SEINER STIRN INTERESSIERT ANSCHAUT, HEISST DAS, ER WEISS, DASS ER SICH SELBER SIEHT UND NICHT EINEN ANDEREN ORCA.

NUR GANZ WENIGE TIERE BESTEHEN DEN SPIEGELTEST. ZU IHNEN GEHÖREN ORANG-UTANS, SCHIMPANSEN, ELSTERN, DELFINE UND ORCAS. SOGAR EIN INDISCHER ELEFANT BESTAND DEN TEST. EIN MENSCH ERKENNT SEIN SPIEGELBILD ERST AB EINEM ALTER VON ETWA 18 MONATEN.

ORCAS UND DELFINE SIND UNGEWÖHNLICH INTELLIGENT UND LERNEN SEHR SCHNELL. FÜR SIE WIRD DAS ZUM NACHTEIL, WENN MENSCHEN SIE FANGEN, DRESSIEREN UND IN SHOWS EINSETZEN. IN GEFANGENSCHAFT SIND ORCAS UND DELFINE UNGLÜCKLICH. DIE MEISTEN WERDEN DAVON KRANK UND LEBEN VIEL WENIGER LANG ALS IN FREIHEIT.

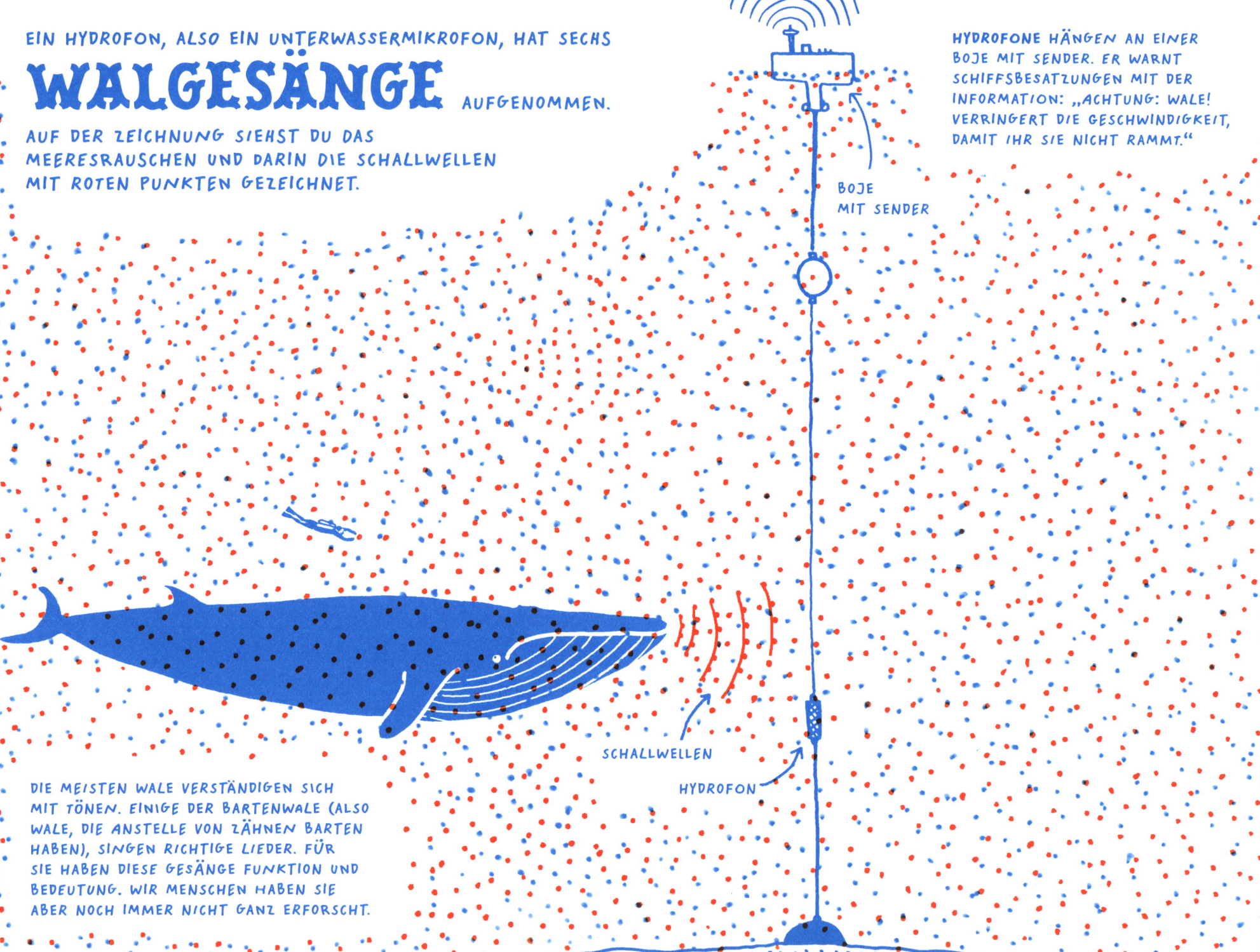

IM 20. JAHRHUNDERT WURDEN ETWA 3 MILLIONEN WALE GETÖTET. HEUTE IST DIE JAGD AUF DIESE TIERE FAST ÜBERALL VERBOTEN, ABER ES KOMMT IMMER NOCH VOR, DASS SIE DURCH DEN MENSCHEN STERBEN.

DIE MENSCHLICHE AKTIVITÄT AUF DEN MEEREN UND OZEANEN SCHADET DEN WALEN. DER LÄRM, DEN SCHIFFE, BOHRINSELN UND MILITÄRSONARE ERZEUGEN (EIN SONAR IST EINE ART RADAR MIT TON), ERSCHWERT IHNEN DIE VERSTÄNDIGUNG UND ORIENTIERUNG IM WASSER.

FINDE EINEN ODER MEHRERE MITSPIELER UND SPIELE

WALVER-WERTUNG.

WALE KÖNNEN 100, MANCHMAL SOGAR 200 JAHRE ALT WERDEN. WENN SIE STERBEN, SINKEN SIE AUF DEN MEERESGRUND UND WERDEN ZUR UNTERWASSERKANTINE FÜR HUNDERTE VON MEERESLEBEWESEN. EIN SCHMAUS FÜR FISCHE, KRAKEN, KRABBEN, HUMMER, GARNELEN, SCHNECKEN, SEEGURKEN, RINGELWÜRMER UND UNTERSCHIEDLICHSTE BAKTERIEN.

SOLCH EINE UNTERWASSERGASTSTÄTTE KANN MEHRERE JAHRZEHNTE FUNKTIONIEREN! IHRE GÄSTE FRESSEN NICHT NUR DEN TOTEN WAL, SONDERN AUCH SICH SELBER GEGENSEITIG AUF.

EINIGE FEINSCHMECKER, DIE SICH AM WALKADAVER BEDIENEN

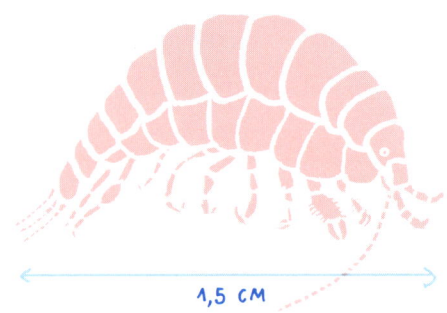

1,5 CM

WÄHREND SEINES LEBENS FRISST DER WAL TONNENWEISE KLEINE KREBSTIERE. WENN ER STIRBT, DREHT SICH DIE ROLLE UM: KREBSTIERE FRESSEN DANN SEINEN KÖRPER. ZUM BEISPIEL DER TIEFSEEKREBS PARACALLISOMA ALBERTI.

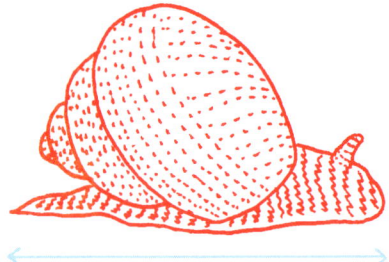

7 CM

DIE SCHNECKE RUBYSPIRA FRISST DIE KNOCHEN DES WALS.

9 CM

DIE KRABBE CHIONOECETES TANNERI GENIESST WALFLEISCH UND ... IHRE KOLLEGEN.

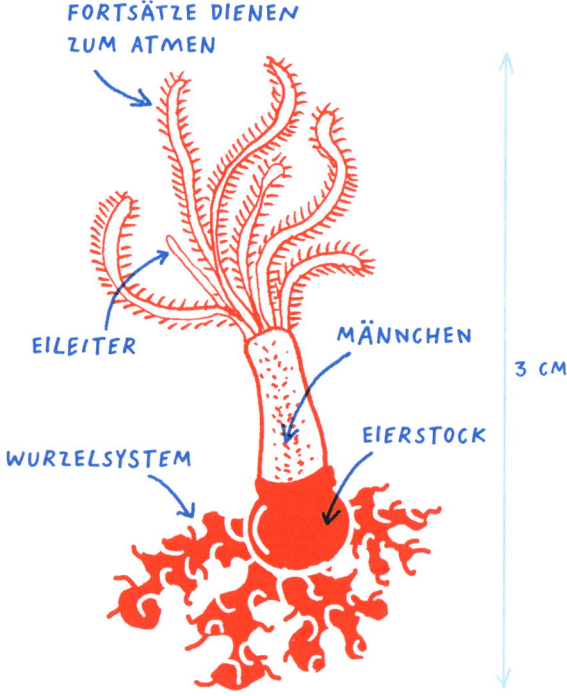

FORTSÄTZE DIENEN ZUM ATMEN

EILEITER
MÄNNCHEN
WURZELSYSTEM
EIERSTOCK

3 CM

OSEDAX IST EIN MEERES-COUSIN DER REGENWÜRMER. ER TREIBT IN DER TIEFE DER OZEANE. WENN ER AUF EIN WALSKELETT TRIFFT, SETZT ER SICH MIT EINER ART WURZELSYSTEM AUF EINEM DER KNOCHEN FEST. IN DEN WURZELN BEFINDEN SICH BAKTERIEN, DIE WALKNOCHEN ZERSETZEN UND DARAUS NÄHRSTOFFE GEWINNEN, MIT DENEN SIE DEN WURM VERSORGEN.

IM INNERN JEDES WEIBCHENS, IN DER WOHNRÖHRE, LEBEN DUTZENDE WINZIGER MÄNNCHEN. IHRE EINZIGE AUFGABE IST, DIE EIER ZU BEFRUCHTEN, DIE DAS WEIBCHEN FREIGIBT.

SPIELREGELN:

1. DIE SPIELER SIEDELN SICH AUF DEM KÖRPER DES TOTEN WALS AN, INDEM SIE ABWECHSELND KLEINE PUNKTE ALS BAKTERIEN AUF FREIE SCHNITTPUNKTE SETZEN. JEDER SPIELER BENUTZT EINE ANDERE FARBE.

2. JEDER BEMÜHT SICH, DIE GRÖSSTE ANZAHL FREMDER BAKTERIEN ZU ÜBERNEHMEN, INDEM ER SIE MIT SEINEN EIGENEN UMZINGELT.

3. HAT EIN SPIELER FREMDE BAKTERIEN UMZINGELT, VERBINDET ER SIE MIT EINER LINIE (A). SO ENTSTEHT EINE KOLONIE. EINE WAND DER KOLONIE KANN AUCH DIE HAUT DES WALS (B) ODER DER RAND EINER ANDEREN EIGENEN KOLONIE (C) SEIN.

DER SPIELER ZÄHLT DIE GEWONNENEN BAKTERIEN UND SCHREIBT DIE ANZAHL AUF.

4. WENN EIN SPIELER DIE KOLONIE EINES GEGNERS UMZINGELN KANN, BEFREIT ER DAMIT SEINE EIGENEN BAKTERIEN, DIE DARIN GEFANGEN WAREN. ER DARF SIE VON DER ANZAHL SEINES GEGNERS ABZIEHEN UND SEINER EIGENEN HINZUZÄHLEN, EBENSO WIE DIE BAKTERIEN AUS DER KOLONIE SEINES GEGNERS (D).

5. DAS SPIEL ENDET, WENN AUF DEM WALKÖRPER KEINE STELLE MEHR FREI IST. WER DANN DIE MEISTEN FREMDEN BAKTERIEN GEWONNEN HAT, IST SIEGER.

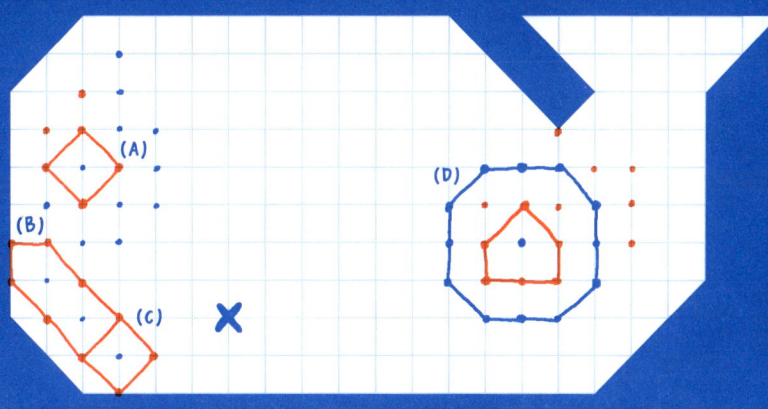

DER ROTE SPIELER HAT 4 BAKTERIEN GEWONNEN (5-1), DER BLAUE 8 (2+6).

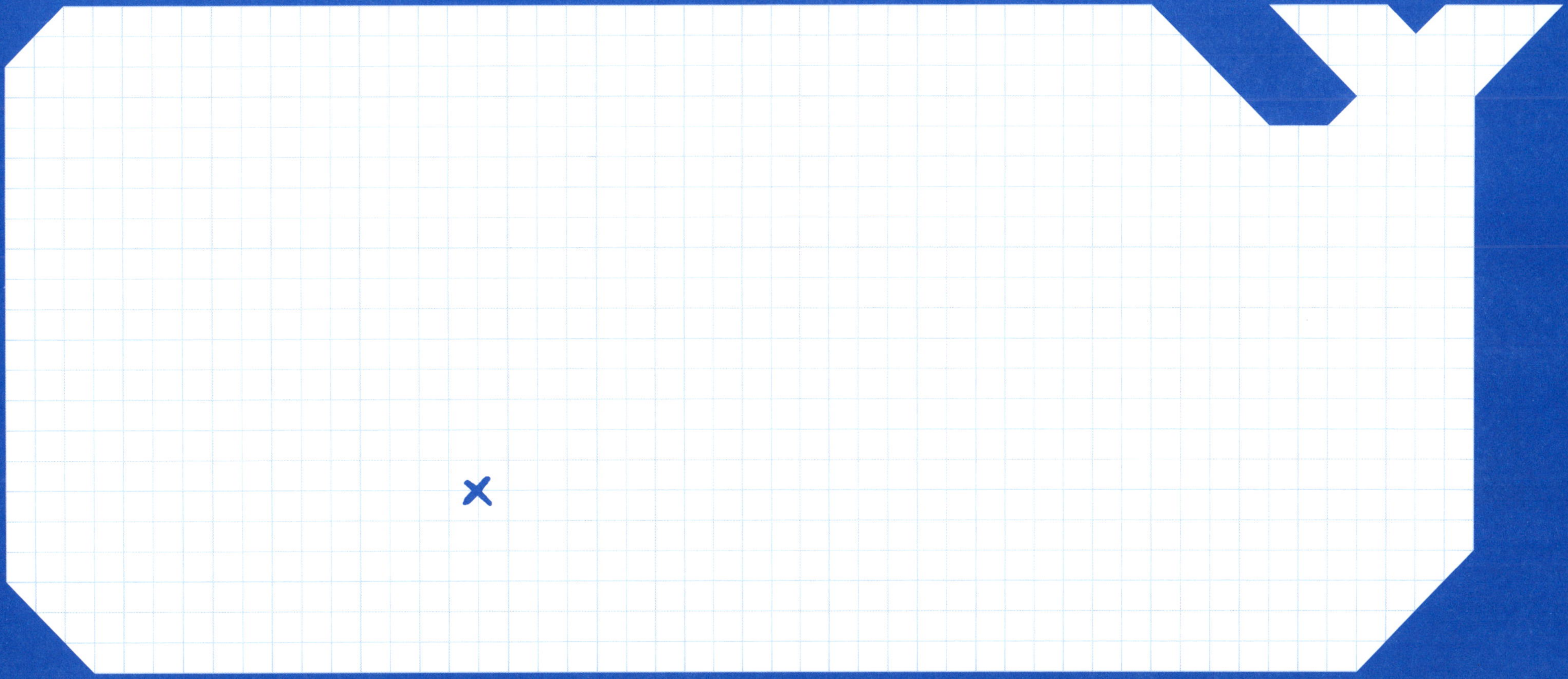

HABT IHR LUST AUF REVANCHE?

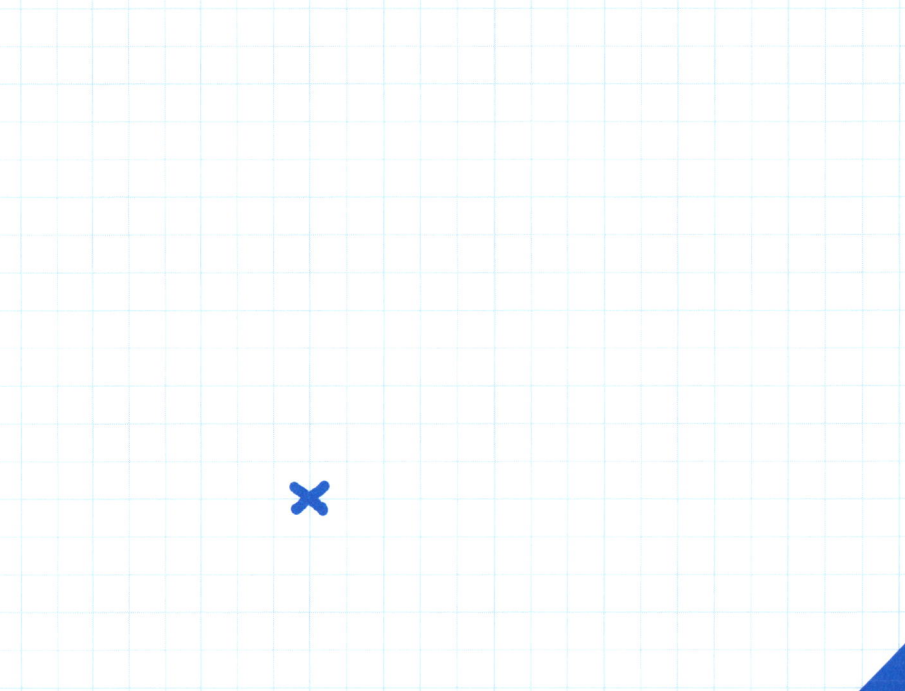

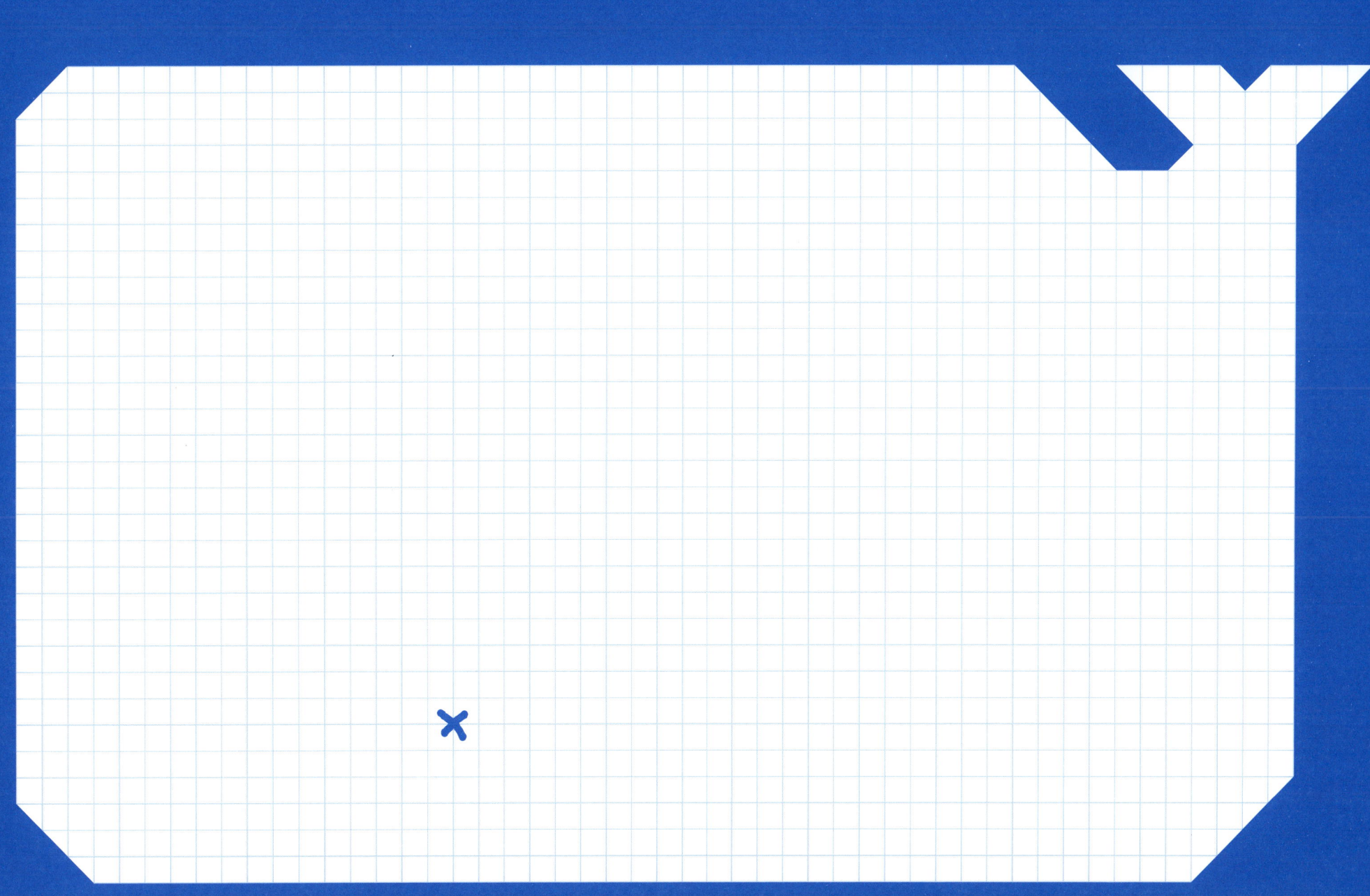

SCHNEIDE DIE ZÄHNE AUS PAPIER AUS.

OBERER ZAHN

UNTERER ZAHN

KNICKE DEN UNTEREN TEIL UM UND BESTREICHE IHN MIT KLEBER.

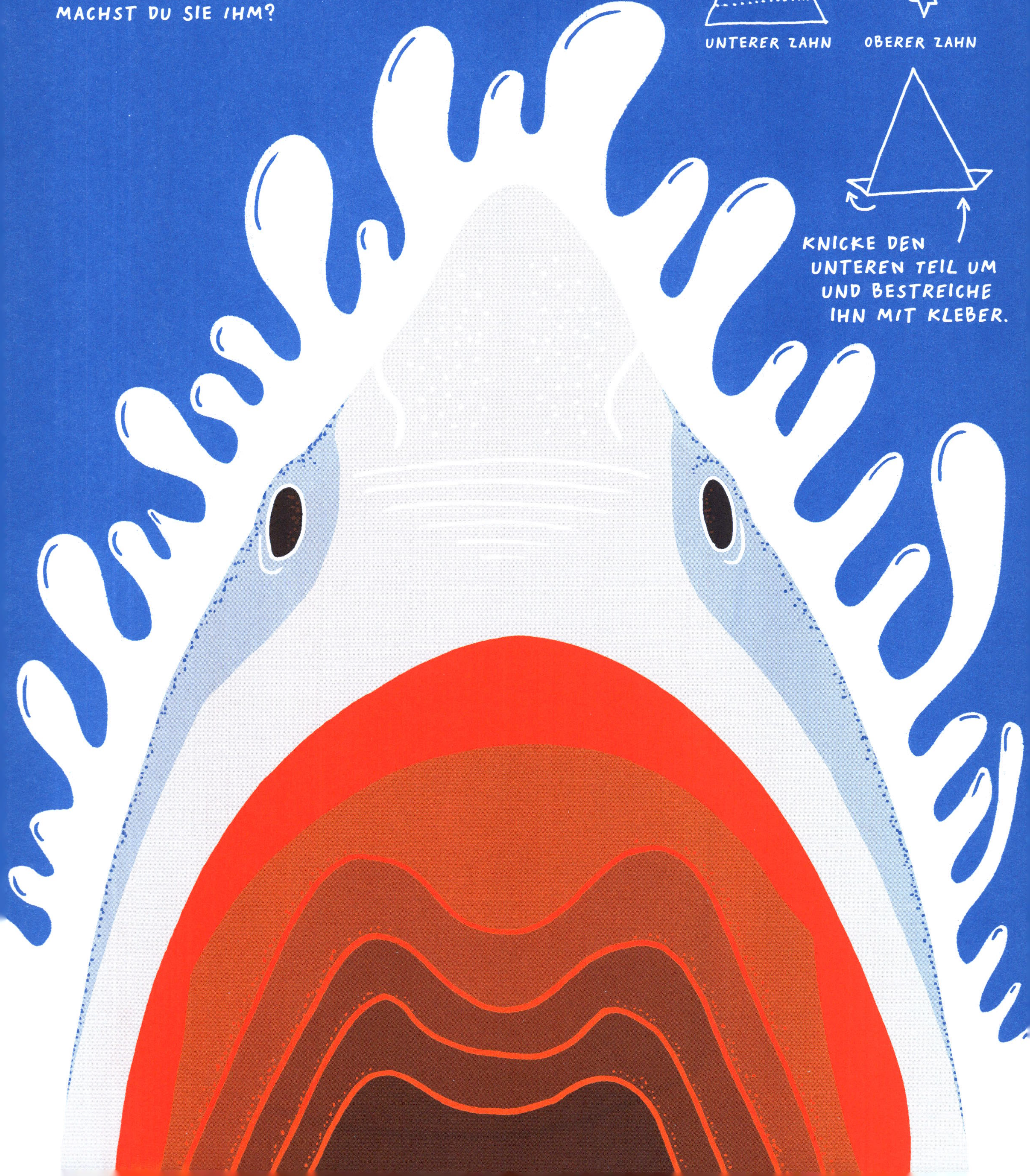

DER WEISSE HAI

BRAUCHT NEUE ZÄHNE. MACHST DU SIE IHM?

DIE EIER EINIGER HAIE, ROCHEN UND SEEKATZEN SIND IN LEDRIGEN EIKAPSELN VERSCHLOSSEN. SIE WERDEN AUCH

SEEMÄUSE

GENANNT. ZEICHNE KLEINE KATZENHAIE UND HORNHAIE IN IHREN KAPSELN.

AUSGEWACHSENER KATZENHAI
LÄNGE: 60 BIS 100 CM

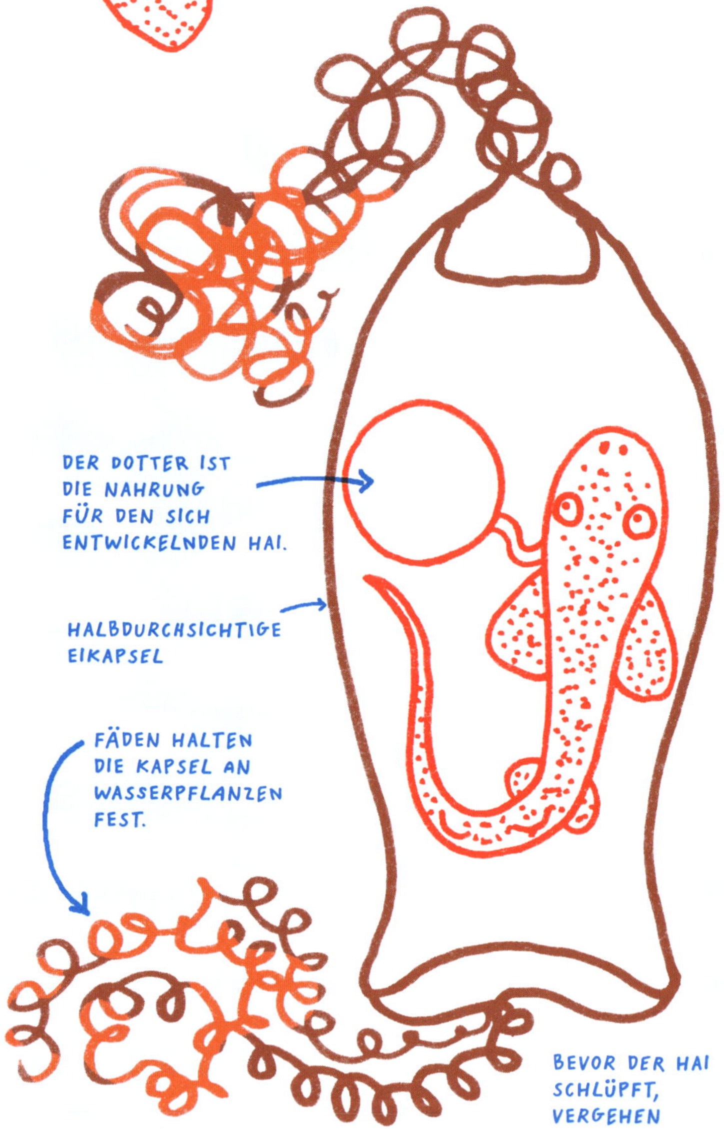

DER DOTTER IST DIE NAHRUNG FÜR DEN SICH ENTWICKELNDEN HAI.

HALBDURCHSICHTIGE EIKAPSEL

FÄDEN HALTEN DIE KAPSEL AN WASSERPFLANZEN FEST.

BEVOR DER HAI SCHLÜPFT, VERGEHEN 11 MONATE!

EIKAPSEL EINES KATZENHAIS
LÄNGE: 6 CM

ZEICHNE DIE FÄDEN AN DEN ECKEN DAZU.

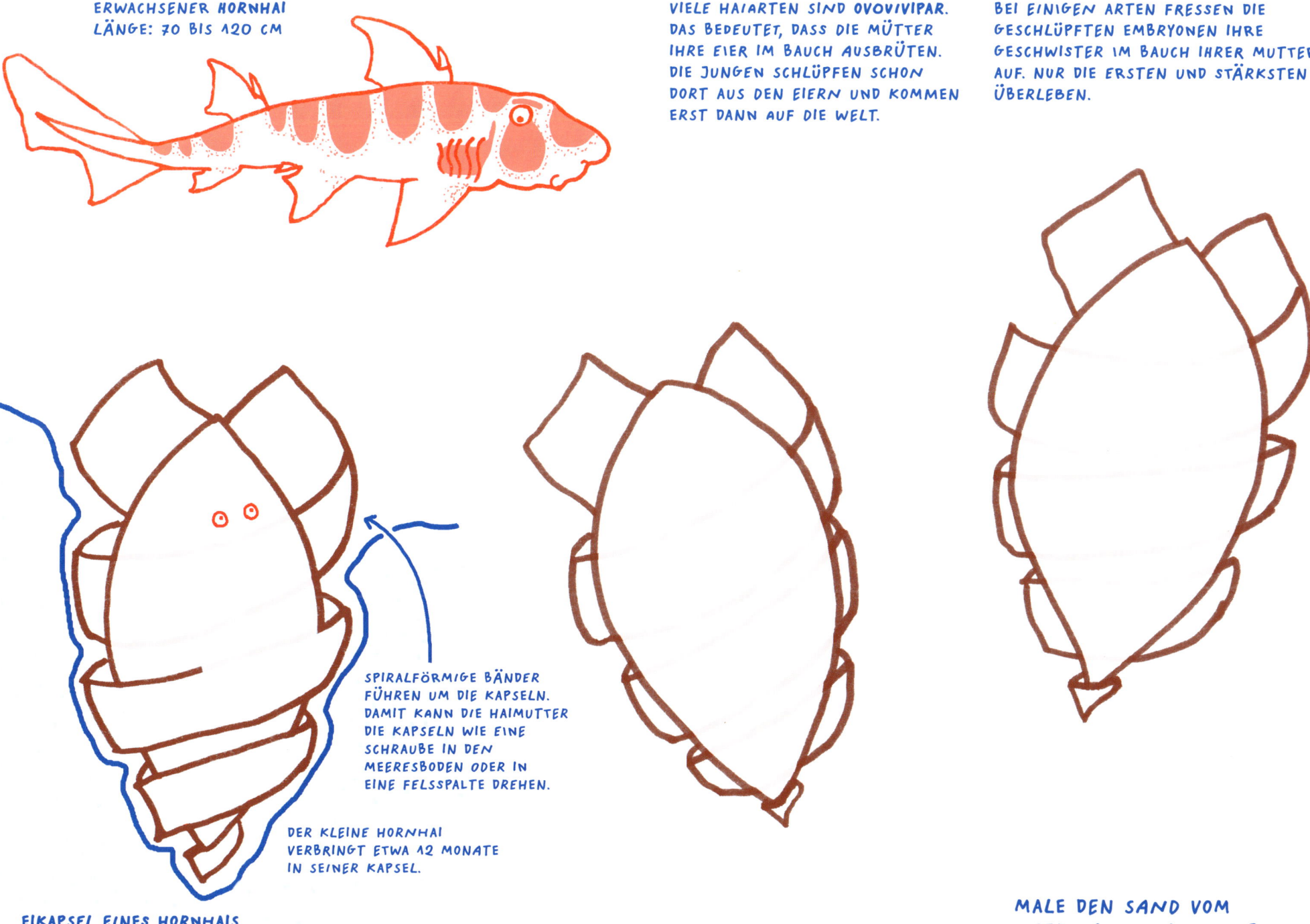

ELEKTROREZEPTION

IST DIE FÄHIGKEIT, SCHWACHE ELEKTRISCHE IMPULSE, DIE VON KÖRPERN ANDERER TIERE AUSGEHEN, ZU SPÜREN. ÜBER DIESEN SINN VERFÜGEN ZUM BEISPIEL HAIE UND ROCHEN.

HILF DEM ROCHEN, SEIN MITTAGESSEN ZU FINDEN. ZEICHNE DIE VERFORMTEN LINIEN DES ELEKTRISCHEN FELDS DER VERSCHIEDENEN TIERE.

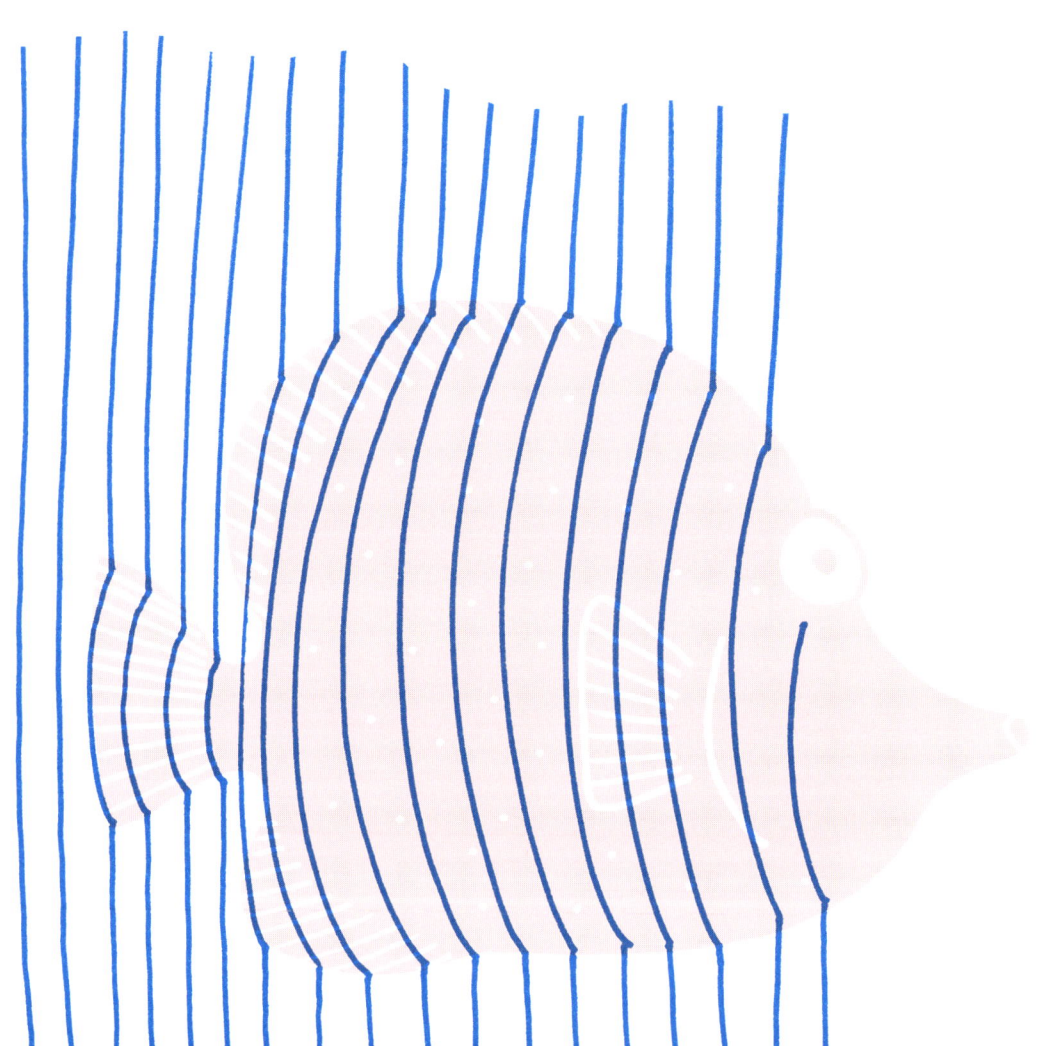

MACH EINE UNTERWASSER-LEUCHTSCHRIFT!

 EINE GLÜHBIRNE VERBRAUCHT 50 WATT (ABGEKÜRZT 50 W).

DER BUCHSTABE A BESTEHT AUS 10 GLÜHBIRNEN, ALSO BRAUCHT ER ZUM LEUCHTEN 500 WATT.

SCHREIBE MIT BUCHSTABEN AUS GLÜHBIRNEN EIN WORT UND VERBINDE ES MIT DEM MARMOR-ZITTERROCHEN. ZÄHLE GENAU, WIE VIEL WATT BENÖTIGT WERDEN, DAMIT DAS WORT LEUCHTET. WENN ES MEHR IST, ALS DER ROCHEN ERZEUGEN KANN, FUNKTIONIERT DIE LEUCHTSCHRIFT NICHT! (DU KANNST BUCHSTABEN MEHRFACH VERWENDEN.)

ABCDEFGHIJ

500 W   700 W   500 W

KLMNOPQRS

TUVWXYZ

FÜR Ä, Ö ODER Ü KANNST DU DIE FEHLENDEN PÜNKTCHEN BEI DEN ENTSPRECHENDEN BUCHSTABEN DAZUMALEN UND ZUSÄTZLICHE GLÜHBIRNEN EINFÜGEN.

 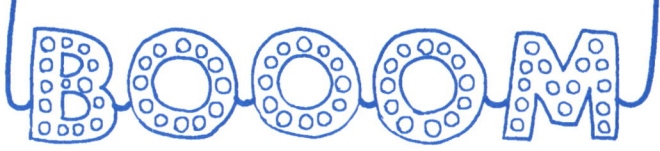

DIE ELEKTRISCHEN KURZIMPULSE, DIE VON EINEM ROCHEN ERZEUGT WERDEN, HABEN MAXIMAL 3.000 WATT.

500 W + 450 W + 600 W + 550 W = 2100 W
DIESER SCHRIFTZUG VERBRAUCHT 2100 WATT.

DIESES WORT BENÖTIGT 3.250 WATT. SO VIEL STROM LIEFERT EIN ROCHEN NICHT.

ZEICHNE HIER DIE BUCHSTABEN. VERBINDE SIE MIT EINER LINIE (DAS IST DAS KABEL). RECHNE AUS, WIE VIEL ENERGIE SIE ZUM LEUCHTEN BENÖTIGEN. WENN ES NICHT MEHR ALS 3.000 WATT SIND, KANNST DU DEIN WORT MIT FARBIGEN BUNTSTIFTEN BELEUCHTEN.

DER MARMOR-ZITTERROCHEN HAT SEITLICH AN SEINEM KÖRPER SPEZIELLE ORGANE, DIE STROM ERZEUGEN. ER BENUTZT SIE ZUM JAGEN. ROCHEN SIND FÜR MENSCHEN NICHT GEFÄHRLICH, ABER EIN STROMSTOSS VON IHNEN KANN ZIEMLICH SCHMERZHAFT SEIN.

NUTZE DIE ENERGIE DES MEERES!

ENTWIRF EIN KRAFTWERK, DAS SEINE ENERGIE VON DER BEWEGUNG DES WASSERS UND DES WINDES GEWINNT.

AM MEER WEHT MEIST EIN STARKER WIND. WIE WANDELT MAN DIESEN WIND IN STROM UM?

ES GIBT TAGE, DA IST DAS MEER SPIEGELGLATT; MEISTENS ABER IST ES UNRUHIG UND WELLEN WANDERN DARÜBER. DIESE BEWEGUNGEN KANN MAN IN STROM UMWANDELN. WIE MACHST DU DAS?

DAS WASSER DES MEERES FÄLLT UND STEIGT ABWECHSELND: EBBE UND FLUT. AUCH DIESE ENERGIE KANN MAN IN ELEKTRIZITÄT UMWANDELN.

WIE VIEL STROM ERZEUGT DEIN KRAFTWERK? ZEICHNE, WAS MAN MIT IHM BETREIBEN KANN. EINE LAMPE? EIN ELEKTROAUTO? ALLE ELEKTROGERÄTE IN EINEM HAUS? ODER VIELLEICHT IN EINER GANZEN STADT?

ENERGIE WIRD IN DEUTSCHLAND VORAUSSICHTLICH BIS 2022 NOCH ZU EINEM TEIL MIT ATOMKRAFT ERZEUGT, AUSSERDEM MIT BRAUNKOHLE, STEINKOHLE ODER ERDGAS, ALSO SOGENANNTEN FOSSILEN BRENNSTOFFEN. SIE SIND ÜBER JAHRMILLIONEN AUS ABGESTORBENEN LEBEWESEN UND PFLANZEN ENTSTANDEN, ABER WIR VERBRAUCHEN SIE SEHR SCHNELL.

WIND UND WELLEN, DIE GEZEITEN UND DIE SONNE SIND **ERNEUERBARE ENERGIEQUELLEN**, ALSO SOLCHE, DIE IMMER WIEDER VORKOMMEN UND NIE ZU ENDE GEHEN.

GEZEITENKRAFTWERK

WIND BEWEGT DIE FLÜGEL DES WINDRADS.

WELLEN BEWEGEN DEN SCHWIMMER NACH UNTEN UND NACH OBEN.

WINDKRAFTWERK

WELLENKRAFTWERK

EBBE UND FLUT BEWEGEN DIE FLÜGEL DER UNTERWASSERPROPELLER.

ALS EINES DER ERSTEN LÄNDER BAUTE DÄNEMARK EIN WINDKRAFTWERK. HEUTE KOMMT DORT FAST DIE HÄLFTE DES STROMS VON WINDTURBINEN. EIN TEIL DAVON BEFINDET SICH AUF DEM MEER.

VERSTECKE DIE
KALMARE
VOR DEM POTTWAL!

Befeuchte beide Seiten des Buchs mit einem Schwamm. Beträufle jeden Kalmar mit Tinte, Tusche oder schwarzer Aquarellfarbe.

Kalmare stellen einen dunklen Farbstoff her, den sie bei Gefahr ausstoßen. So entsteht im Wasser eine schwarze Wolke, hinter der sie sich verstecken können. Manchmal verbergen sie sich auf diese Weise, um aus der dunklen Wolke heraus zu jagen. Oder sie verwenden diesen Farbstoff, um Partner anzulocken.

SEPIA IST EIN BRAUN- BIS GRAUSCHWARZER FARBSTOFF. ER WIRD AUS DEM TINTENBEUTEL VON SEPIEN (SO HEISSEN DIESE TINTENFISCHE) GEWONNEN. FRÜHER WURDE ER ZUM FÄRBEN VON STOFFEN, ABER AUCH ALS TUSCHE VERWENDET.

HUMBOLDT-KALMARE

BESCHLIESSEN ZU JAGEN. GIB DIESE INFORMATION WEITER, INDEM DU DIE NÄCHSTEN KALMARE ROT ANMALST. JEDER KALMAR KANN NUR JEMANDEN INFORMIEREN, DER IHN GERADE BERÜHRT. BEMÜHE DICH, DIE NACHRICHT AN SO VIELE KALMARE WIE MÖGLICH WEITERZULEITEN.

HUMBOLDTKALMARE SIND SEHR AGGRESSIV. DIE SPANIER NENNEN SIE DIABLOS ROJOS, „ROTE TEUFEL". SIE ERREICHEN GEWALTIGE AUSMASSE (1,50 BIS 2,50 METER LÄNGE) UND SCHWIMMEN IN SCHWÄRMEN VON MANCHMAL MEHR ALS TAUSEND TIEREN. SIE LEBEN IM HUMBOLDTSTROM IM PAZIFIK IN GROSSER TIEFE. NUR NACHTS KOMMEN SIE ZUM JAGEN NACH OBEN.

WENN SIE IM DUNKEL DES OZEANS EIN OPFER WITTERN, GEBEN SIE EIN SIGNAL ZUM JAGEN, INDEM SIE IHREN KÖRPER RHYTHMISCH ROT-WEISS BLINKEN LASSEN.

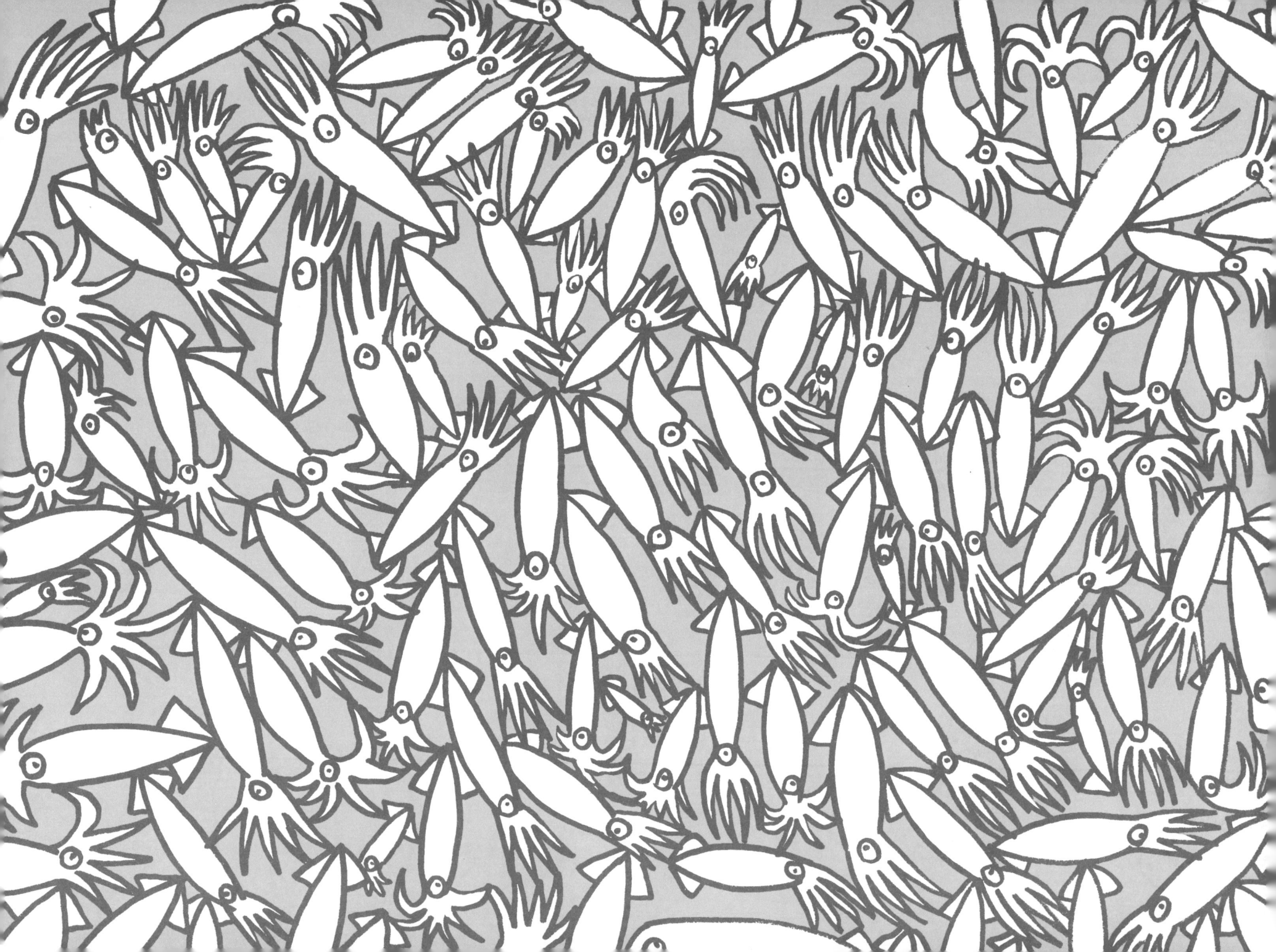

FÜHL DICH WIE EIN OKTOPUS!

Oktopusse sind ungewöhnlich intelligente Tiere mit einem sehr guten Gedächtnis. Sie lernen durch Beobachtung und verwenden Werkzeuge.

Das Gehirn des Oktopus ist über den ganzen Körper verteilt. Es liegt um die **Speiseröhre herum** und hinter den Augen, aber die meisten Zellen ihres Nervensystems befinden sich in den Armen. Deshalb handeln die Arme des Tintenfischs zu einem gewissen Grad unabhängig.

Sie haben drei Herzen.

Möglicherweise sehen sie Farben auf ganz andere Weise als wir, aber sie bemerken, wie sich der Winkel, in dem das Licht einfällt, verändert.

Sie können blitzartig ihre Farbe wechseln und wenden diesen Trick an, um sich in ihrer Umgebung zu tarnen, aber auch um sich zu verständigen oder um andere Tiere nachzumachen.

An jedem der acht Arme befinden sich eine oder zwei Reihen **Saugnäpfe**. Mit ihnen bewegt er sich und kann nach Dingen und Tieren im Wasser greifen. Sie helfen ihm auch dabei, zu riechen und zu schmecken.

NIMM IN JEDE HAND EINEN STIFT UND
ZEICHNE AUS DEM GEDÄCHTNIS EIN U-BOOT.
ZEICHNE MIT BEIDEN HÄNDEN GLEICHZEITIG.

STELL DIR VOR, DU SCHMECKST DEN STIFT.

ZIEH KLEIDUNG AN, DIE DIE FARBE DEINER UMGEBUNG HAT.

SCHLUCKE SPUCKE HINUNTER UND STELL DIR VOR, DASS DEIN GEHIRN EINE ANDERE FORM BEKOMMT.

WEISST DU JETZT, WIE SICH EIN OKTOPUS FÜHLT? IMMER NOCH NICHT? VERSUCHE MIT BEIDEN HÄNDEN UND BEIDEN FÜSSEN GLEICHZEITIG ZU ZEICHNEN.

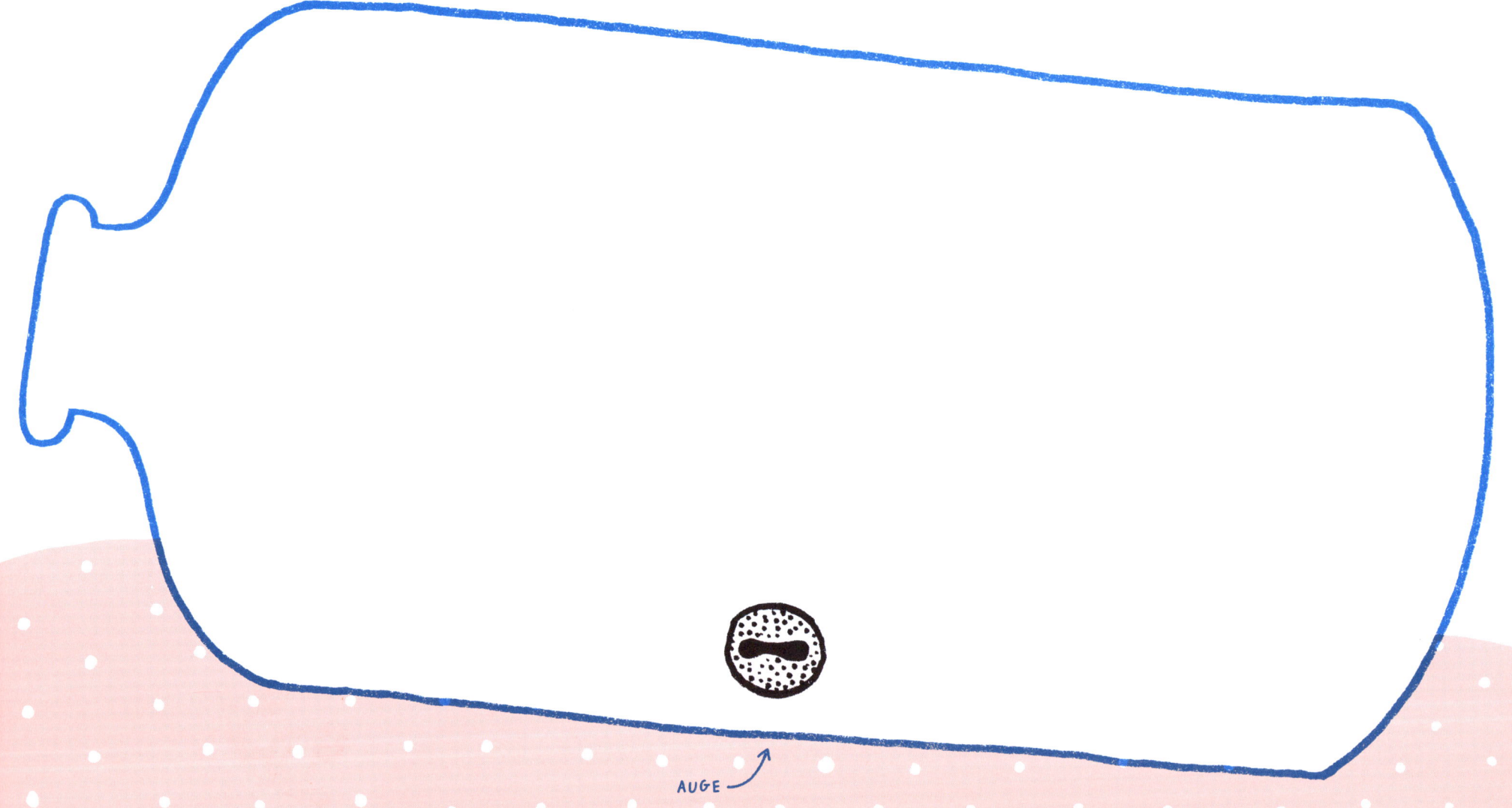

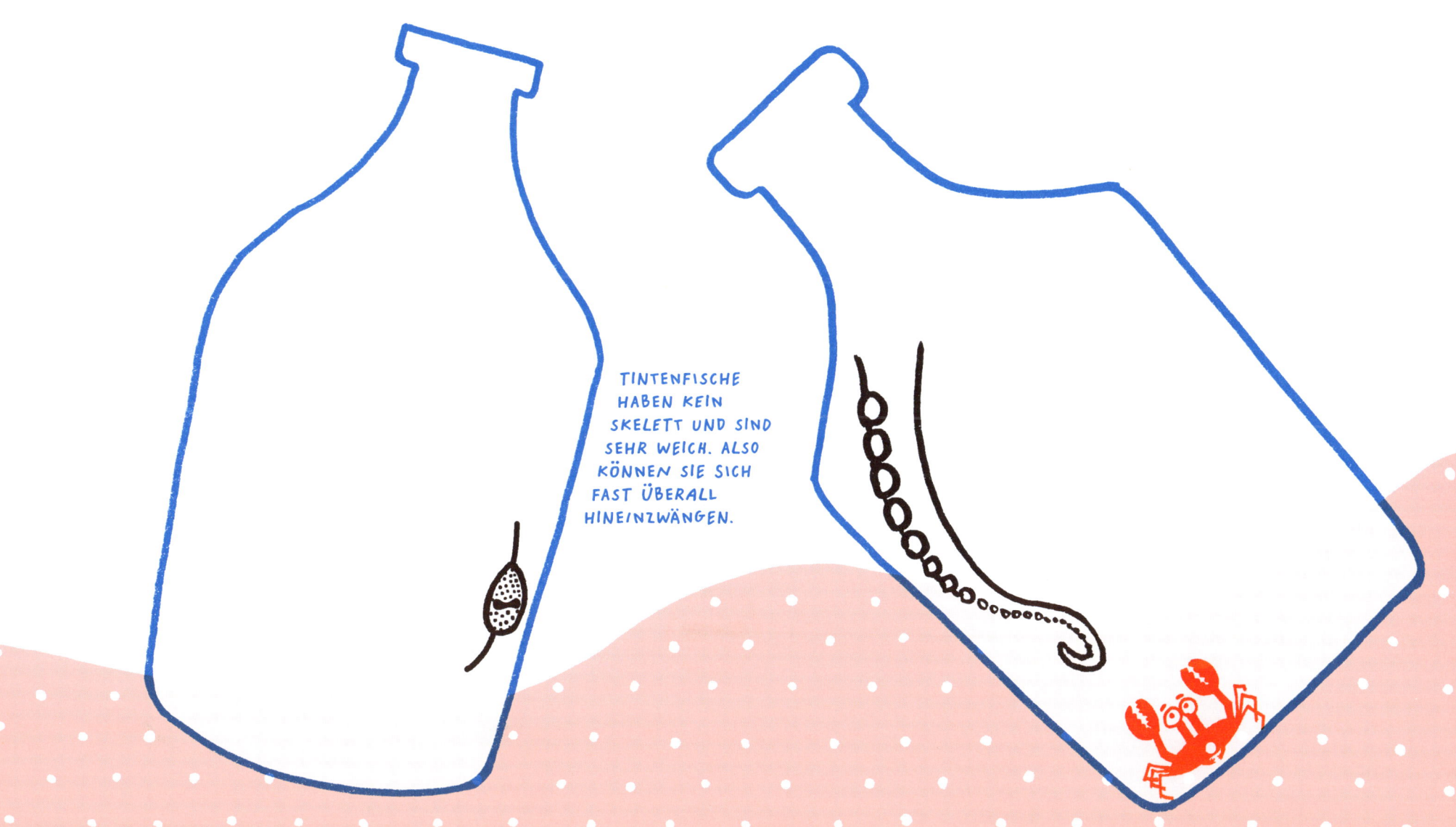

Bringe Leben zurück in dieses KORALLENRIFF.

Male die Korallen mit Pünktchen in verschiedenen Farben an. Wenn du mit dem Riff fertig bist, dann male die Fische, Krabben, Schildkröten, Quallen, Schnecken und Seesterne, die dorthin zurückkehren.

In den Körpern der meisten Korallentiere leben Algen, die ihnen märchenhafte Farben verleihen. Sie tragen auch zur Ernährung bei und helfen ihnen, ein Skelett aufzubauen.

Korallentiere sind kleine, primitive Meerestiere. Obwohl sie entfernte Verwandte der Quallen sind, führen sie ein sesshaftes Leben. Sie ernähren sich hauptsächlich von Plankton, die grösseren fressen auch Krebse, Schnecken und Fische. Sie leben in riesigen Kolonien.

Viele Korallenarten haben ein steifes Kalkskelett. Wachsen die Skelette von Millionen lebender und toter Korallentieren zusammen, bildet sich ein Korallenriff.

Einzelnes Korallentier

Algen

Skelett

Weil das Wasser immer stärker verschmutzt und wärmer wird, produzieren die Algen ein Gift und werden von den Korallen abgestossen. Dadurch werden die Korallen weiss und sterben nach einiger Zeit ab.

DIE MEISTEN KORALLENRIFFE ENTSTEHEN IN WARMEN, FLACHEN GEWÄSSERN IN DER NÄHE DES ÄQUATORS. AUF IHNEN LEBEN TAUSENDE UNTERSCHIEDLICHE MEERESTIERE.

DAS GRÖSSTE RIFF DER WELT IST DAS GREAT BARRIER REEF VOR DER KÜSTE AUSTRALIENS. ES IST ÜBER 2.000 KILOMETER LANG. LEIDER IST ES WEGEN DER UMWELTVERSCHMUTZUNG HEUTE IN SEHR SCHLECHTEM ZUSTAND.

WO LEBEN DIESE
MEISTER DER TARNUNG?
ZEICHNE, WAS SIE UMGIBT.

TARNUNG IST DIE KUNST, SICH SO ANZUPASSEN, DASS MAN VOM HINTERGRUND NICHT ZU UNTERSCHEIDEN IST.

DER GROSSE FETZENFISCH KOMMT AN DER KÜSTE AUSTRALIENS VOR. ER LEBT ZWISCHEN WASSERPFLANZEN UND SEINE AUSWÜCHSE SEHEN WIE BLÄTTER AUS. ZWISCHEN IHNEN IST ER FAST NICHT ZU SEHEN.

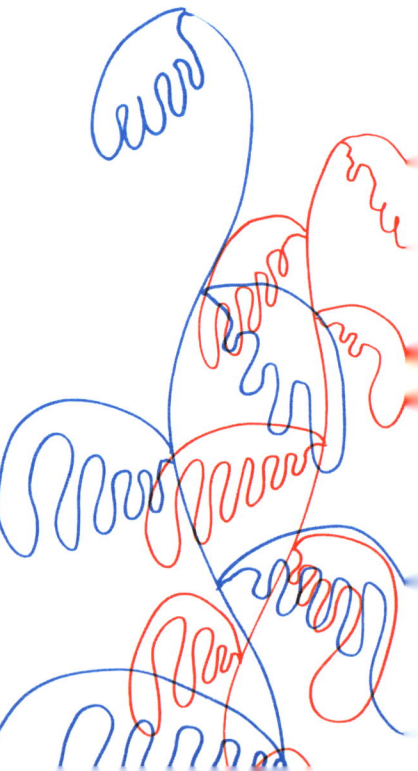

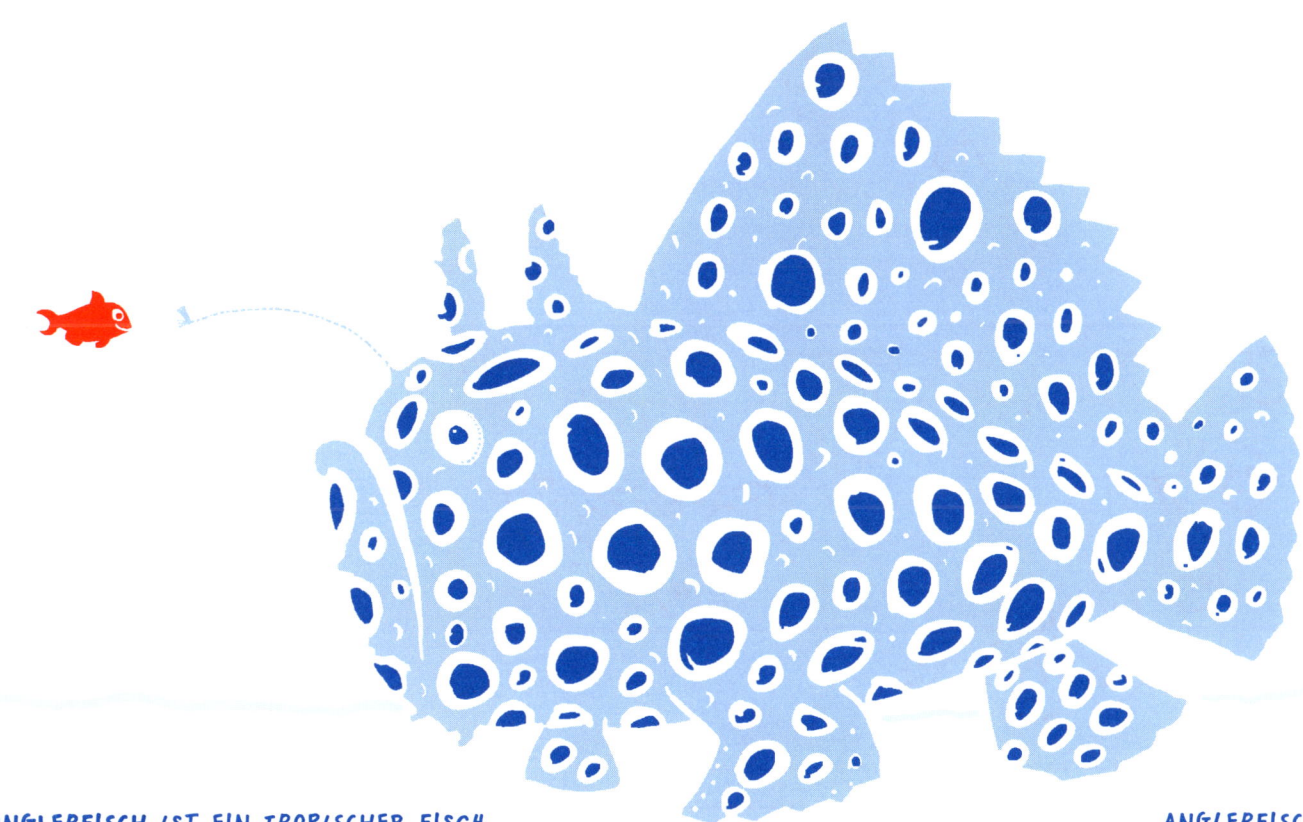

Der gemalte Anglerfisch ist ein tropischer Fisch, der am liebsten auf dem Meeresgrund liegt und kleine Fische fängt. Sein Köder sitzt aussen an einem langen Stiel, der aus seinem Kopf herauswächst. Wenn ihm ein ahnungsloses Opfer nahe kommt, reisst er blitzartig sein Maul auf, ein Sog entsteht und die Beute wird eingesogen und gefressen.

Anglerfische gibt es in den unterschiedlichsten Mustern und Farben, die sie je nach Umgebung verändern und optimal anpassen können. Manche sehen wie Wasserpflanzen aus, andere wie Felsen oder Schwämme. Woran erinnert dich dieses Exemplar?

DER HOPLOPHRYS OATESI HEISST WEGEN SEINER FANTASIEVOLLEN FÄRBUNG AUF ENGLISCH BONBONKREBS. ER LEBT AUF KORALLENRIFFEN. UM SICH NOCH BESSER ZU TARNEN, LEGT ER ABGESCHNITTENE KORALLENSTÜCKE AUF SEINEN KÖRPER.

KLEINE GARNELEN AUS DER GATTUNG DER PERICLIMENES COLEMANI LEBEN ZWISCHEN DEN GIFTIGEN STACHELN DES SEEIGELS ASTHENOSOMA VARIUM. IHRE PANZER SIND MIT EINEM MUSTER BEDECKT, DAS JENES DER STACHELN IHRES WIRTS NACHAHMT.

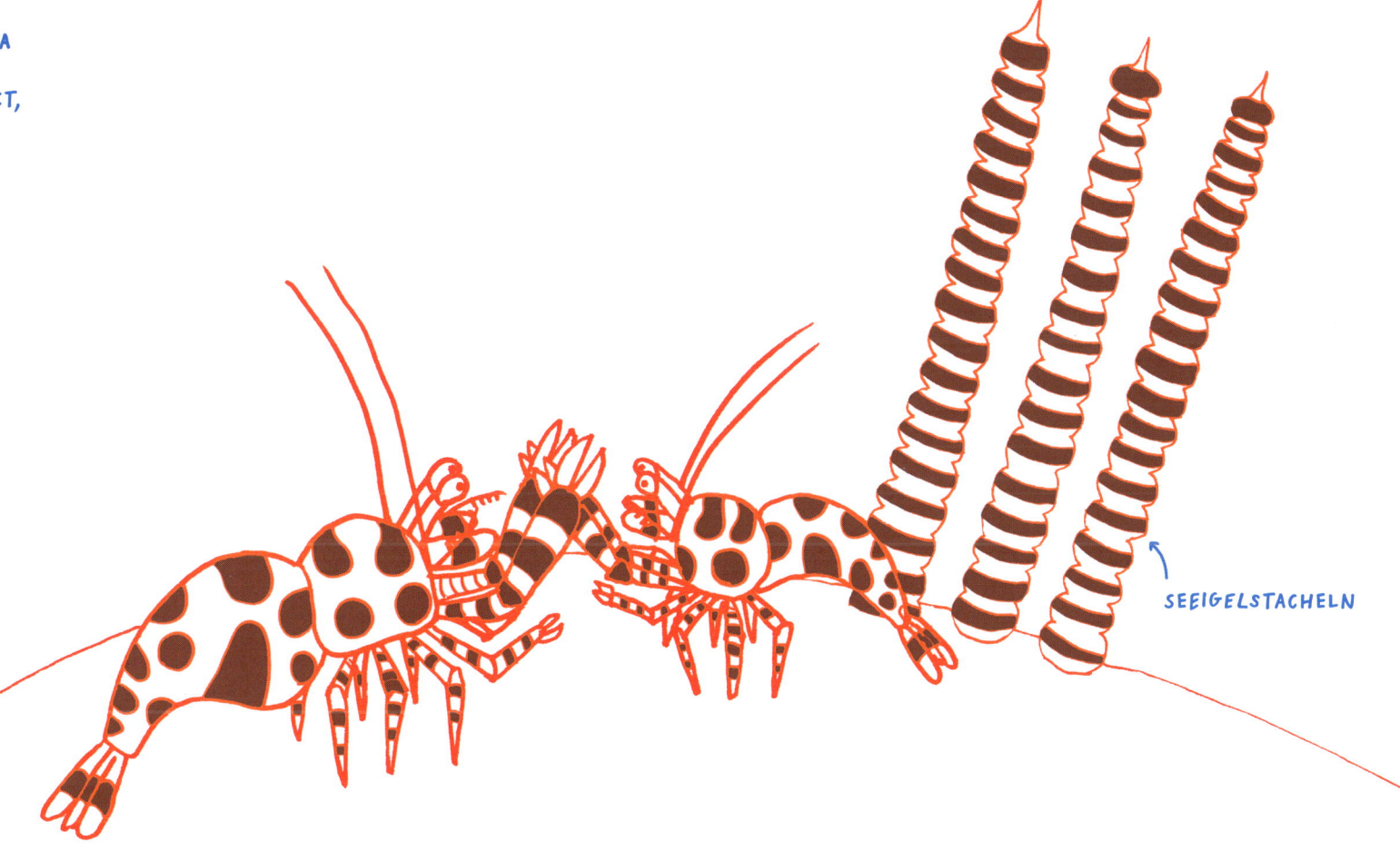

SEEIGELSTACHELN

Fast die Hälfte der Menschheit lebt nicht weiter als 100 Kilometer vom Meer entfernt. Und manche, wie die

BAJAU

an den Küsten von Indonesien, Malaysia und den Philippinen, leben sogar direkt auf dem Wasser – in Pfahlhütten bei den Korallenriffen.

Zeichne ein Dorf der Bajau: Zeichne Hausboote, Häuser auf Pfählen und eine Schule, Frauen, die vor dem Haus Fische trocknen oder Matten und Netze flechten, Fischer auf ihren Booten, Kinder, die auf Booten zur Schule fahren, und Kleinkinder, die von den Booten ins Wasser springen. Bau dort auch ein Haus für dich selber.

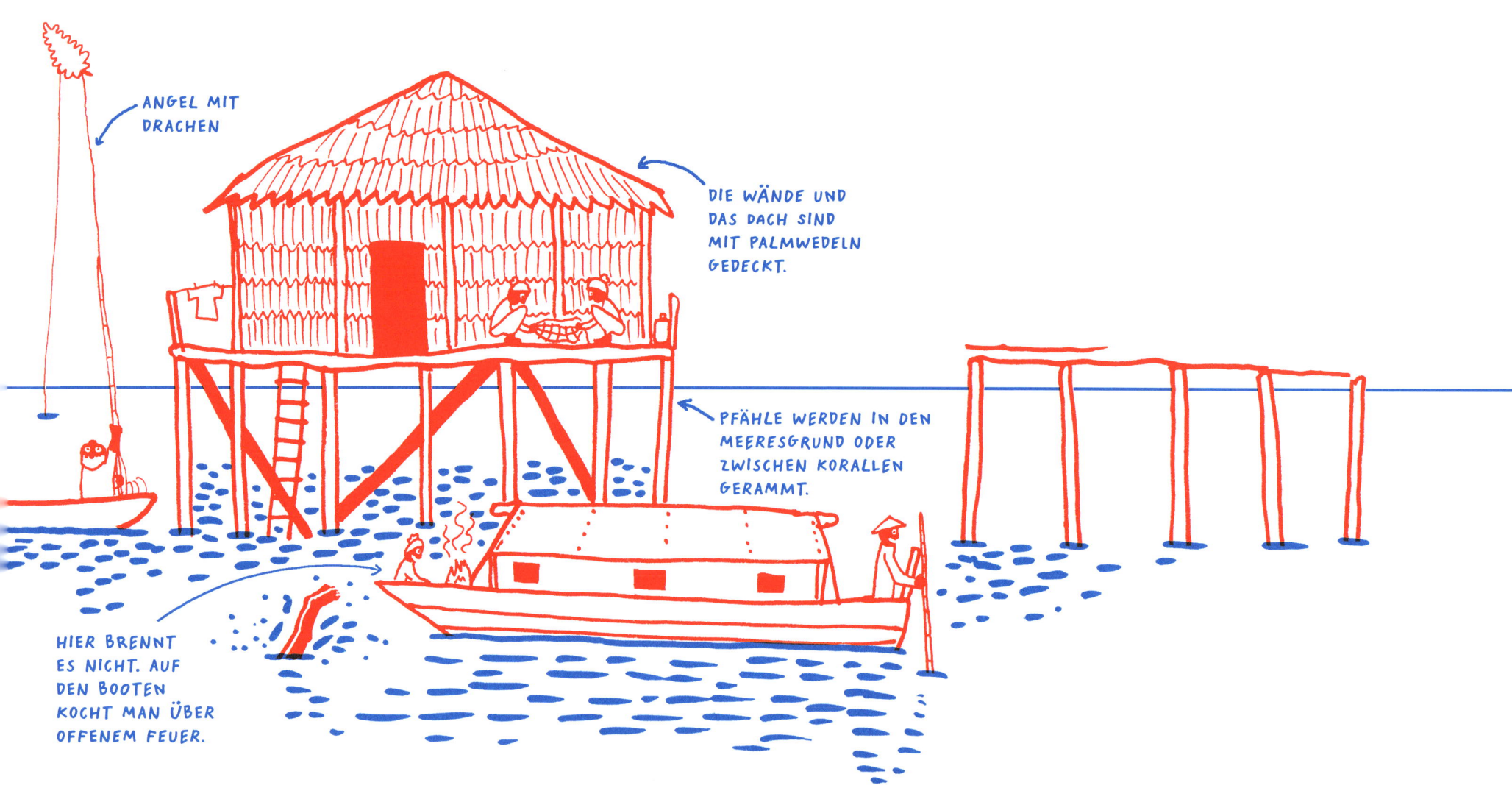

Angel mit Drachen

Die Wände und das Dach sind mit Palmwedeln gedeckt.

Pfähle werden in den Meeresgrund oder zwischen Korallen gerammt.

Hier brennt es nicht. Auf den Booten kocht man über offenem Feuer.

Die Bajau sind Meister im Fischen. Eine der effektivsten Arten ist das Angeln mit Drachen. Dieser besteht aus einem getrockneten Farnblatt, an dem die Angelschnur und eine Angel hängen. Der Drachen bewegt sich hin und her, der Köder folgt den Bewegungen. Weil der Drachen weit weg vom Boot fliegt, werden die sonst so vorsichtigen Fische weniger verscheucht.

Die Bajau sind auch hervorragende Taucher. Sie können die Luft länger als fünf Minuten anhalten und 15 Meter tief tauchen, um mit dem Speer Fische und Tintenfische zu jagen!

Manchmal müssen sie an Land gehen, um ihre Fische, Muscheln oder Seegurken auf dem Markt zu verkaufen und Süsswasser, Reis und Seife einzukaufen. Aber sie bleiben dort nie lang. Sie fühlen sich nur auf dem Wasser wohl. An Land, sagen sie, werden sie „landkrank".

LASS DIE TENTAKEL DER SEEANEMONEN

WACHSEN, UM CLOWNFISCHE ZU VERSTECKEN. TRÖPFLE AUF JEDE SEEANEMONE ETWAS TUSCHE UND PUSTE DIE TROPFEN MIT EINEM STROHHALM AUSEINANDER.

SEEANEMONEN SEHEN AUS WIE UNTERWASSERBLUMEN, ABER IN WIRKLICHKEIT SIND SIE TIERE, UND NOCH DAZU RAUBTIERE. WENN EIN FISCH AHNUNGSLOS EINEN TENTAKEL DER SEEANEMONE BERÜHRT, WIRD ER VON IHREM GIFT GELÄHMT, UND SIE KANN IHN IN IHRE MUNDÖFFNUNG ZIEHEN UND VERDAUEN.

HIER EIN KLECKS TUSCHE

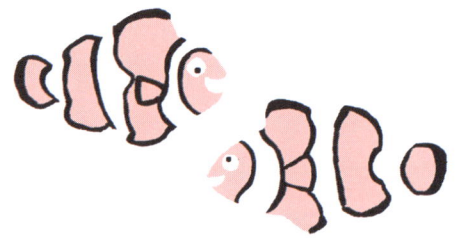

CLOWNFISCHE SIND KLEINE FISCHE, DIE SICH GEGEN DAS GIFT DER SEEANEMONEN IMMUNISIEREN KÖNNEN. DIE TENTAKEL BIETEN IHNEN SCHUTZ VOR RAUBFISCHEN, IM GEGENZUG SCHÜTZEN DIE CLOWNFISCHE DIE SEEANEMONEN VOR ANDEREN FISCHEN, DIE SIE FRESSEN WOLLEN.

ZOOKSANTHELLE HEISSEN KLEINE ALGEN, DIE AUF DEN SEEANEMONEN LEBEN UND VON DEN AUSSCHEIDUNGEN DER CLOWNFISCHE PROFITIEREN. MITHILFE VON SONNENENERGIE VERWANDELN SIE DIESE IN NAHRUNG UND TEILEN SIE MIT IHREM WIRT.

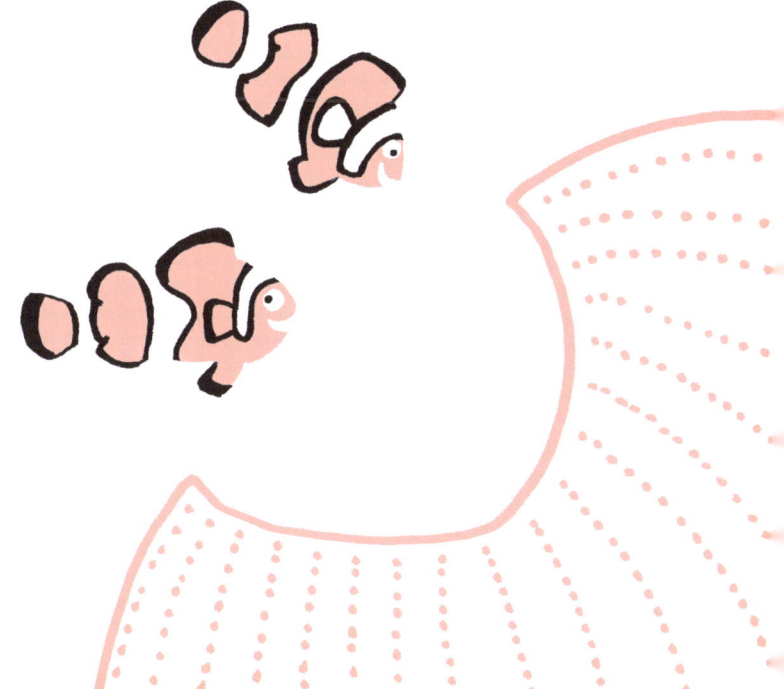

DIESER
PAZIFISCHE ROTFEUERFISCH
BRAUCHT FLOSSEN.

MALE MIT ROTER PLAKATFARBE QUERSTREIFEN AUF DIE INNENSEITE DEINER HÄNDE, SPREIZE DIE FINGER UND DRÜCKE DEINE HANDFLÄCHEN AUF BEIDEN SEITEN DES FISCHES AB. MALE STACHELN AN DIE ENDEN DER FLOSSEN.

DER ROTFEUERFISCH ERNÄHRT SICH VON KLEINEN FISCHEN UND KREBSTIEREN. WENN ER JAGT, SPREIZT ER SEINE FLOSSEN, DAMIT SIE WIE FLÜGEL AUSSEHEN, UND TREIBT SEINE OPFER IN DIE ENGE. DANN VERSCHLINGT ER SIE.

VOR ANGREIFERN SCHÜTZT ER SICH MIT SEINEN GIFTIGEN STACHELN. ER KANN AUCH MENSCHEN ATTACKIEREN, WENN SIE IHN STÖREN. DAS GIFT DES ROTFEUERFISCHS SCHMERZT UND BRENNT, IST ABER NICHT LEBENSGEFÄHRLICH.

ROTFEUERFISCHE LEBEN IN DEN KORALLENRIFFEN IM PAZIFIK UND IM INDISCHEN OZEAN. LEIDER HABEN SIE SICH DURCH DEN MENSCHEN BIS IN DEN ATLANTIK AUSGEBREITET.

SIE SIND EINE GROSSE GEFAHR FÜR DIE ATLANTISCHEN KORALLENRIFFE, DENN SIE FRESSEN DEREN BEWOHNER MASSENHAFT AUF, VERMEHREN SICH RASANT UND HABEN FAST KEINE FEINDE. DESHALB SUCHEN WISSENSCHAFTLER NACH MÖGLICHKEITEN, SIE AUS DEM ATLANTIK ZU VERTREIBEN.

IN FLORIDA WERDEN WETTBEWERBE VERANSTALTET, BEI DENEN TAUCHER DIE ROTFEUERFISCHE MIT HARPUNEN JAGEN. DIE REKORDHALTER BRINGEN ES AUF ÜBER 3.000 FISCHE PRO SAISON.

ACHTUNG!
BETRÜGERFISCHE!
DU BIST EIN GROSSER FISCH UND GERADE ZU EINER PUTZSTATION AUF EINEM KORALLENRIFF GESCHWOMMEN, UM DICH VON DEN PUTZERLIPPFISCHEN SÄUBERN ZU LASSEN. UNTER DENEN HABEN SICH JEDOCH 10 FALSCHE PUTZERFISCHE VERSTECKT. FINDE SIE UND MARKIERE SIE MIT EINEM KRINGEL. ABER DU HAST NUR 60 SEKUNDEN ZEIT, DANN BEISSEN SIE DICH!

DAS KANNST DU AUCH ZU ZWEIT SPIELEN. DABEI SUCHT JEDER DIE FALSCHEN PUTZERFISCHE AUF SEINER SEITE. WER ZUERST FÜNF BETRÜGER GEFUNDEN HAT, GEWINNT.

DER PUTZERLIPPFISCH IST EIN KLEINER FISCH, DER ESSENSRESTE UND PARASITEN VON DER HAUT GRÖSSERER FISCHE FRISST.

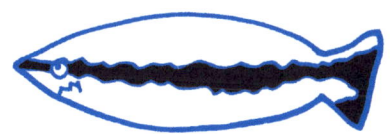

DER FALSCHE PUTZERFISCH GIBT SICH ALS PUTZERFISCH AUS, ABER ANSTATT DIE GRÖSSEREN FISCHE ZU SÄUBERN, BEISST ER IHNEN EIN STÜCK HAUT ODER FLOSSE AB UND VERSCHWINDET.

In den Meeren um Japan leben die Torquigener-Fische. Die Männchen machen auf dem Meeresgrund

SCHÖNE KREISE IM SAND,

um die Weibchen anzulocken und sie dazu zu bringen, ihre Eier in der Mitte des Kreises abzulegen.

Vervollständige diese beiden Kreise und bitte dann jemanden, zu entscheiden, welcher der schönere ist.

Das könnt ihr auch zu zweit spielen. Dann vervollständigst du einen Kreis, und dein Mitspieler übernimmt den anderen.

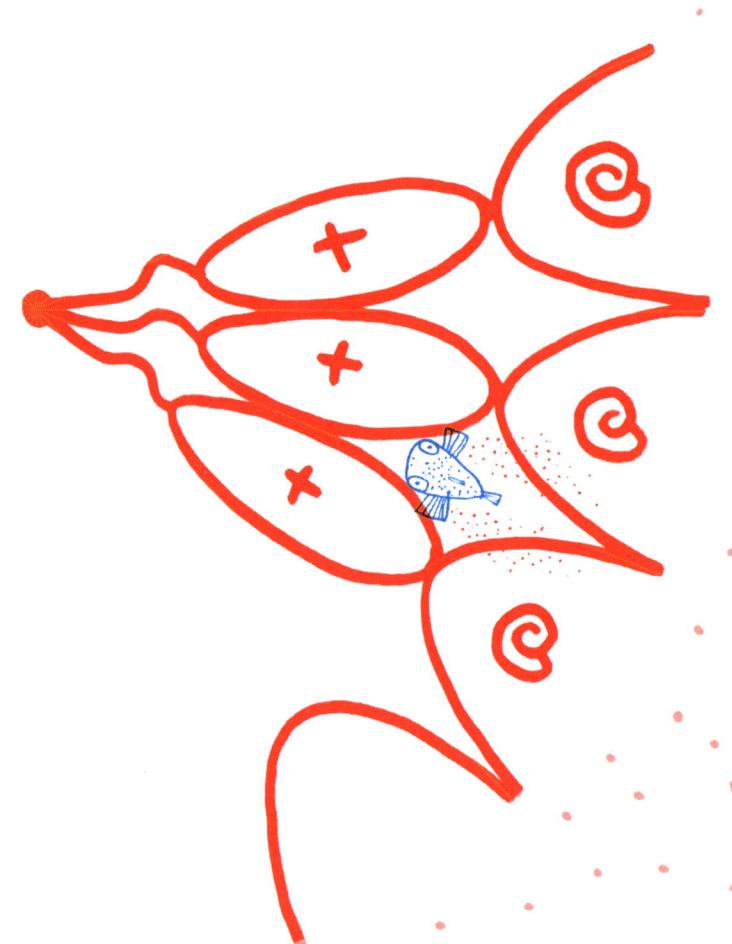

OBWOHL DIESE FISCHE SEHR KLEIN SIND (DIE MÄNNCHEN NUR UNGEFÄHR 12 CM LANG), HABEN IHRE SANDKREISE MANCHMAL ZWEI METER DURCHMESSER.

EINEN SOLCHEN KREIS ZU MACHEN DAUERT MANCHMAL ZEHN TAGE. DAS MÄNNCHEN FORMT DIE MUSTER MIT SEINEN FLOSSEN UND DEM SCHWANZ. AM SCHLUSS SCHMÜCKT ER SEIN WERK MIT EINER MUSCHEL.

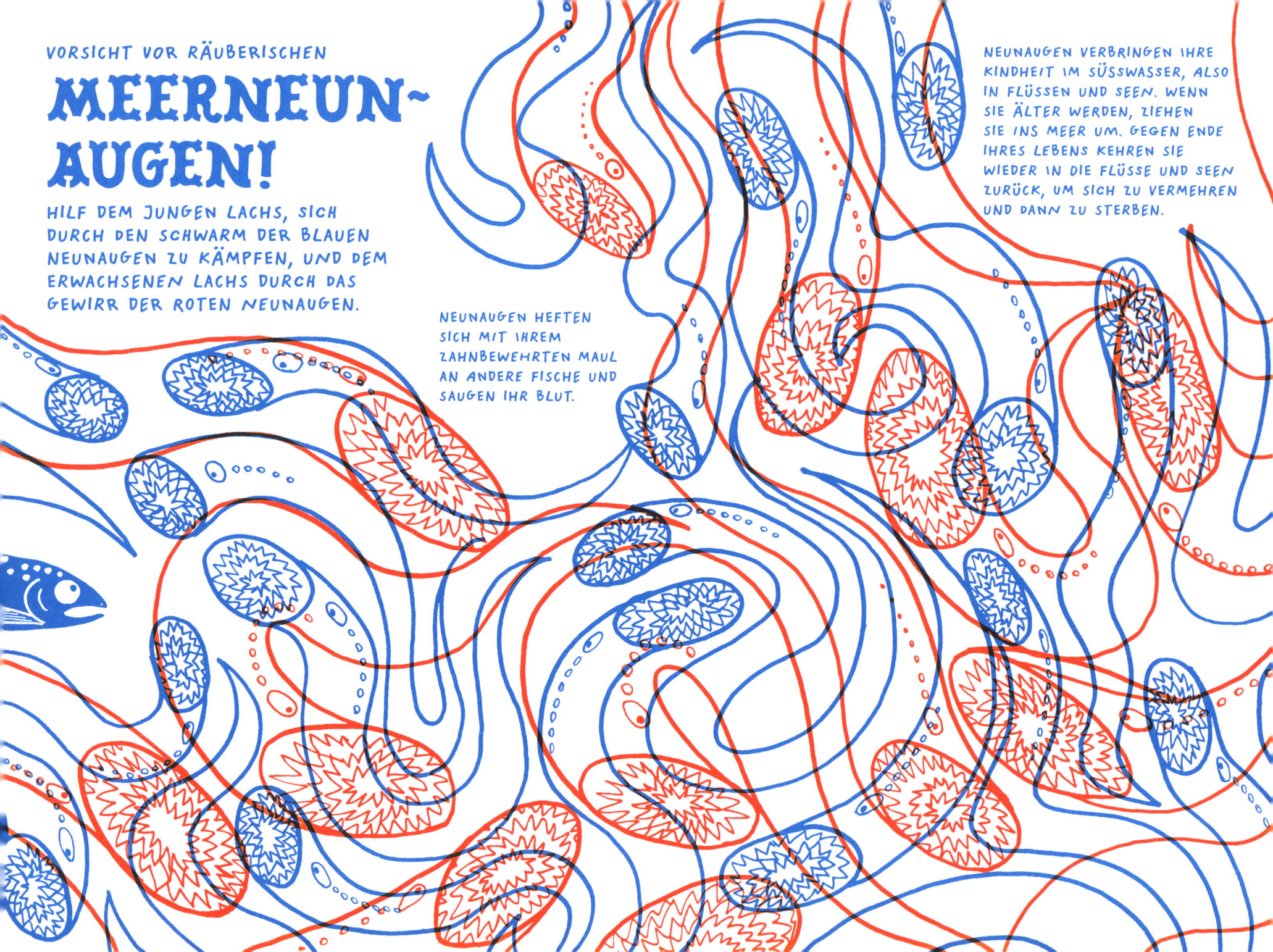

GEFLECKTE ADLERROCHEN

SIND GERNE IN GRUPPEN UNTERWEGS. WIE VIELE EXEMPLARE SIEHST DU? ZEICHNE IHRE KONTUREN NACH.

GEFLECKTE ADLERROCHEN LEBEN IN WARMEN GEWÄSSERN. SIE HABEN EINEN CHARAKTERISTISCHEN FLACHEN KÖRPER, DER OBEN MIT HELLEN PUNKTEN ODER RINGEN VERZIERT IST. SIE SCHWIMMEN SEHR ELEGANT, SO, ALS WÜRDEN SIE FLIEGEN. HIN UND WIEDER SPRINGEN SIE AUS DEM WASSER.

SCHNABELÄHNLICHE SCHNAUZEN SIND IDEAL, UM KLEINE SCHALENTIERE AUS DEM MEERESGRUND AUSZUGRABEN.

WENN ER DICHT ÜBER DEM BODEN SCHWIMMT, IST EIN ADLERROCHEN DANK SEINER TUPFEN SO GUT WIE UNSICHTBAR.

AM SCHWANZ BEFINDEN SICH GIFTSTACHEL.

DIE UNTERSEITE DES ADLERROCHENS IST WEISS. VON UNTEN SIEHT MAN IHN GEGEN DIE HELLE WASSEROBERFLÄCHE PRAKTISCH NICHT.

DIE BRUSTFLOSSEN ERREICHEN BIS ZU DREI METER SPANNWEITE.

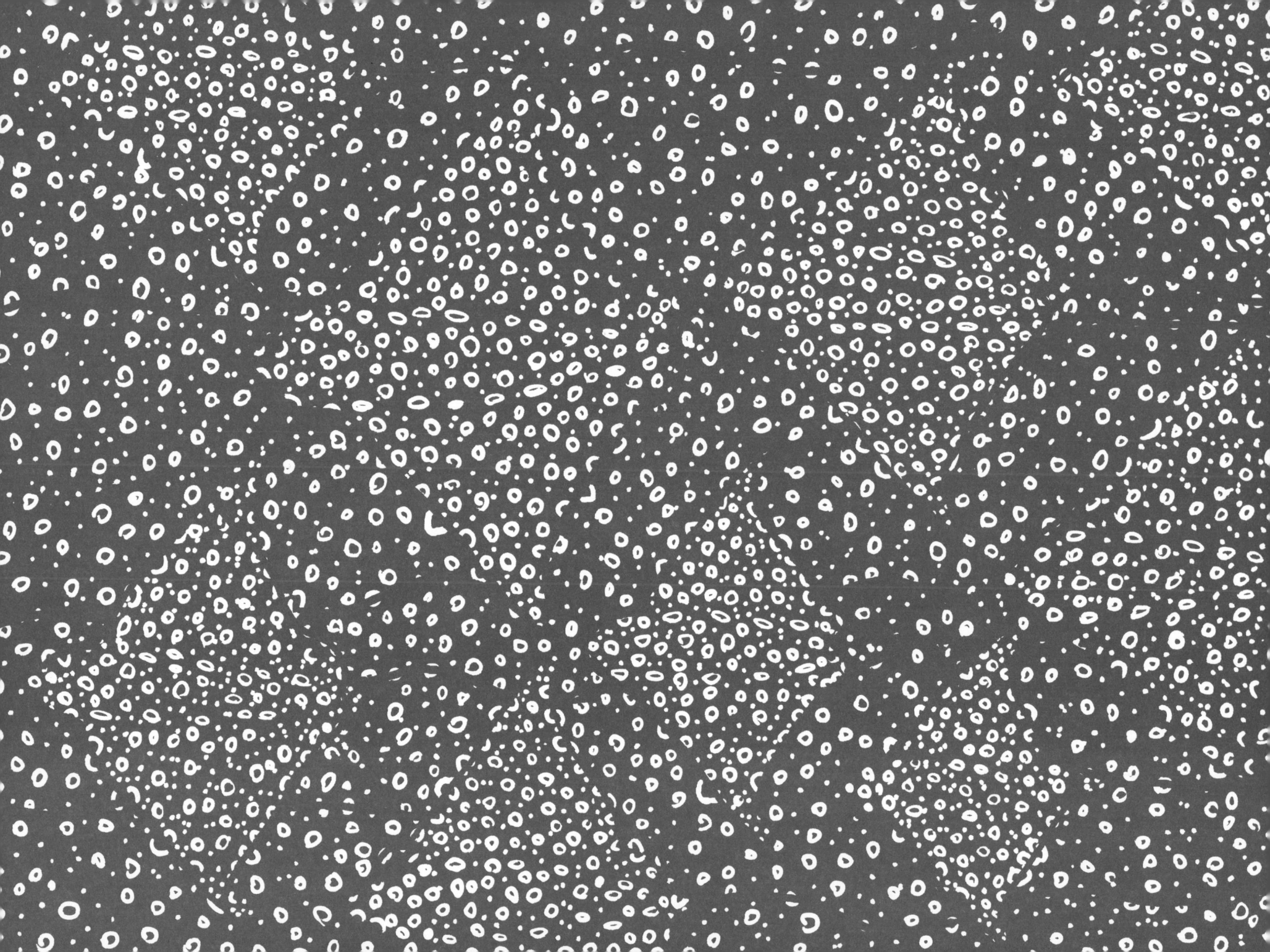

STELLE PERLEN HER!

SUCHE RUNDE OBJEKTE UNTERSCHIEDLICHER GRÖSSE (FINGERHÜTE, FLASCHENDECKEL, EIERBECHER, GLÄSER) ZUSAMMEN UND ZEICHNE SIE NACHEINANDER INS INNERE DER MUSCHELN. FANG MIT DEM KLEINSTEN AN, ZEICHNE DANN DAS NÄCHSTGRÖSSERE UND SO WEITER. DABEI SOLL SICH JEDER KREIS IMMER GENAU IN DER MITTE DES FOLGENDEN BEFINDEN. GELINGT ES DIR, EINE PERFEKTE PERLE ZU SCHAFFEN?

EINE PERLE ENTSTEHT, WENN EIN FREMDKÖRPER IN EINE MUSCHEL (ODER ANDERE MOLLUSKE) EINDRINGT.

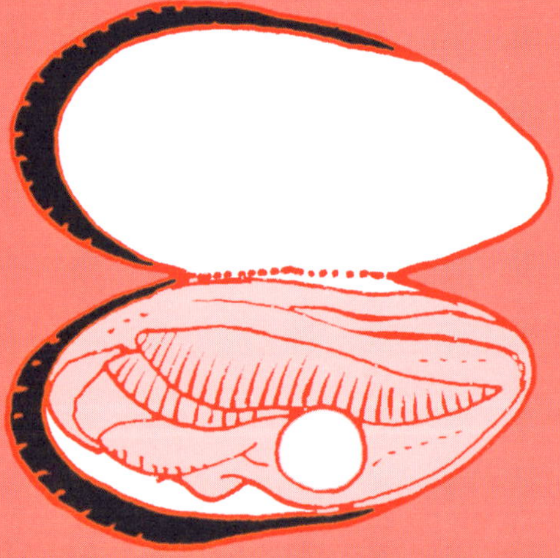

DAMIT DER FREMDKÖRPER SIE NICHT VERLETZT, UMGIBT DIE MUSCHEL IHN MIT DÜNNEN LAGEN PERLMUTT (DEMSELBEN MATERIAL, MIT DEM SIE DAS INNERE IHRER SCHALE AUSKLEIDET).

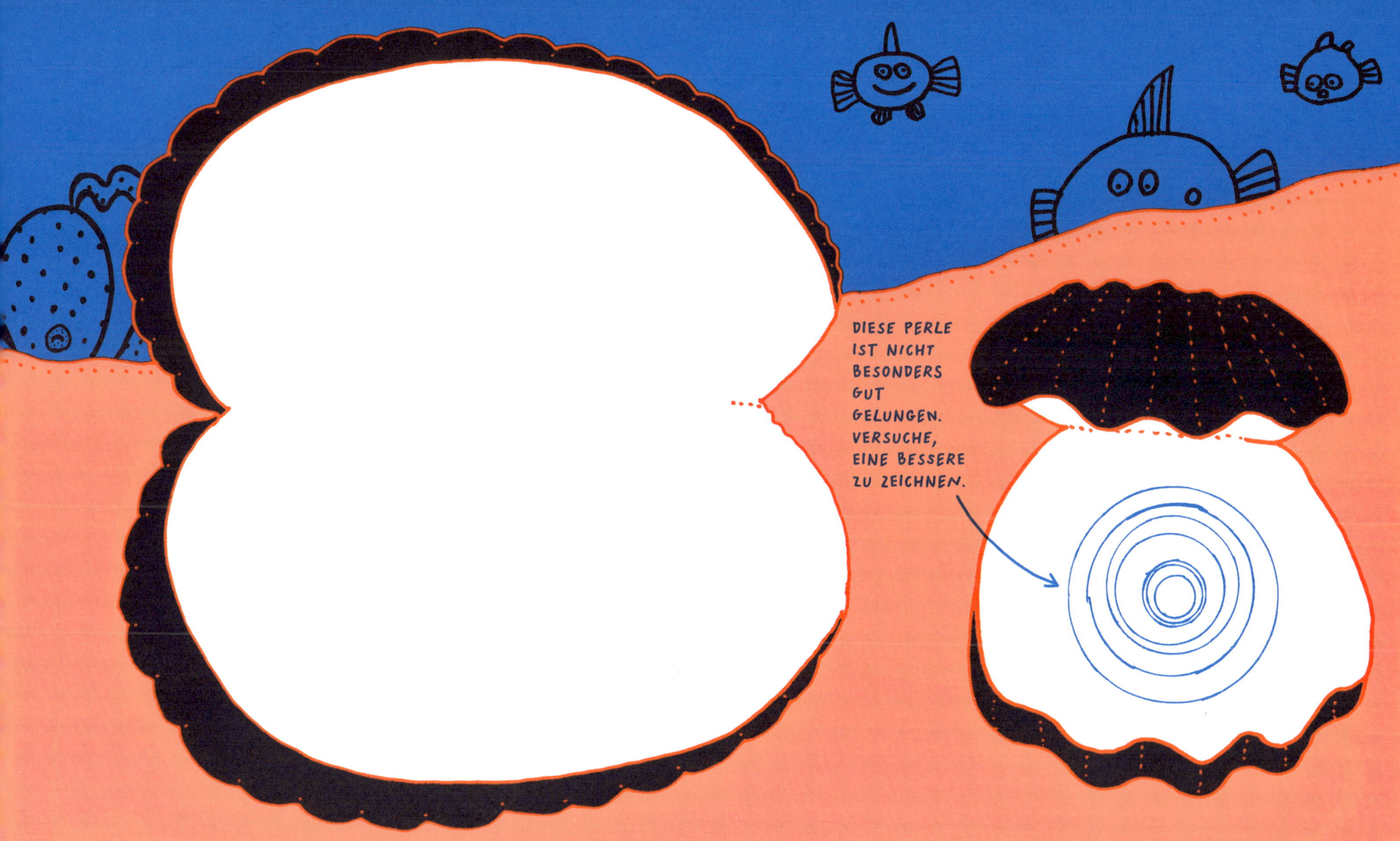

DIESE PERLE IST NICHT BESONDERS GUT GELUNGEN. VERSUCHE, EINE BESSERE ZU ZEICHNEN.

PERLEN KÖNNEN UNTERSCHIEDLICHE FORMEN HABEN. JUWELIERE BEWERTEN DIE RUNDEN AM HÖCHSTEN. DIE GRÖSSTEN RUNDEN PERLEN ENTSTEHEN IN DER MUSCHEL PINCTADA MAXIMA. IN DER NATUR WÄCHST NUR IN EINER VON 10.000 MUSCHELN EINE PERLE.

DIE GRÖSSTE RUNDE PERLE, DIE JE GEFUNDEN WURDE, HAT EINEN DURCHMESSER VON 17,4 MILLIMETERN. DIE GRÖSSTE VON UNREGELMÄSSIGER FORM IST 67 ZENTIMETER LANG UND WIEGT 34 KILO!

IM 13. JAHRHUNDERT ENTDECKTEN DIE CHINESEN, DASS MAN PERLEN ZÜCHTEN KANN. HEUTE WERDEN PERLEN IM GROSSEN STIL IN JAPAN GEZÜCHTET. DAZU WIRD EIN FREMDKÖRPER IN DIE MUSCHELN EINGEPFLANZT. DANN WERDEN DIE TIERE EIN PAAR JAHRE LANG IN SPEZIELLEN KÄFIGEN IM WASSER GEHALTEN, SCHLIESSLICH ÖFFNEN SIE SICH, UND MAN KANN DIE FERTIGEN PERLEN HERAUSNEHMEN.

Bevor die Fotografie erfunden wurde, verewigten die Japaner die schönsten Fische, die sie gefangen hatten, mithilfe der

GYOTAKU-TECHNIK:

Sie bestrichen sie dafür mit Tusche und drückten sie auf Reispapier.

Dieser Abdruck ist unvollständig. Ergänze die fehlenden Teile des Fischs mit Farbe. Klappe das Buch zu, bevor die Farbe trocken ist. Drücke es dann fest zusammen und schlag es wieder auf. Gegenüber auf der Seite siehst du den Abdruck deiner Zeichnung. Ergänze nun auch hier die fehlenden Fischteile.

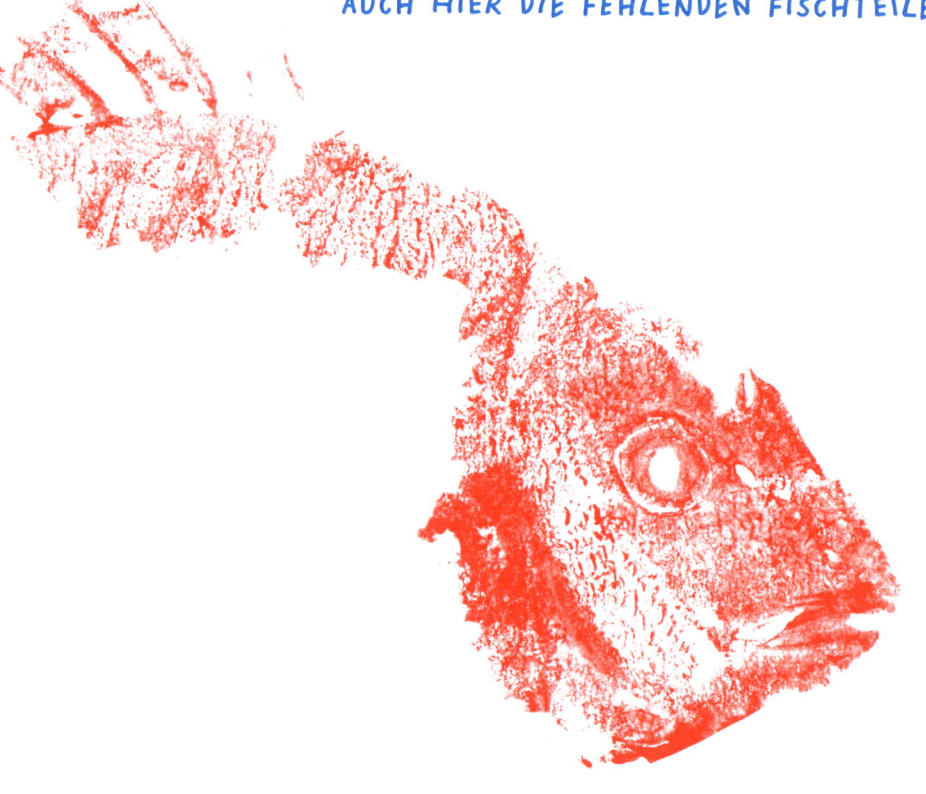

DIESER TRAWLER (ALSO EIN SCHIFF, DAS MIT EINEM SCHLEPPNETZ FISCHT) FÄNGT KABELJAU. MACH EINE LISTE ALLER TIERE, DIE DU IM NETZ ERKENNST. MALE DANN ALLE AUSSER DEN KABELJAUEN ROT AUS, SODASS IM NETZ DER GANZE

BEIFANG
VERSCHWINDET.

GRUNDSCHLEPPNETZE SIND RIESIGE NETZE, DIE ÜBER DEN MEERESBODEN GEZOGEN WERDEN. SIE SAMMELN ALLES EIN, WAS SICH AUF IHREM WEG BEFINDET.

MANCHMAL SIND SOGAR 90% IHRES FANGS BEIFANG, ALSO TIERE, DIE DEN FISCHERN NICHTS NÜTZEN. DIE MEISTEN VON IHNEN STERBEN IM NETZ. SIE WERDEN TOT INS MEER ZURÜCKGEWORFEN.

WEIL DAS FISCHEN MIT SCHLEPPNETZ TOTAL SCHÄDLICH FÜR DAS MEER UND ALL SEINE LEBEWESEN IST, WURDE ES VON VIELEN LÄNDERN ZUMINDEST TEILWEISE VERBOTEN.

KABELJAU

Wie alt werden die LANGLEBIGSTEN MEERESBEWOHNER?

Male die Linien farbig (jede in einer anderen Farbe), um es herauszufinden.

140   150   200

GRÖNLANDWAL

GRÖNLANDHAI

STACHELKOPF

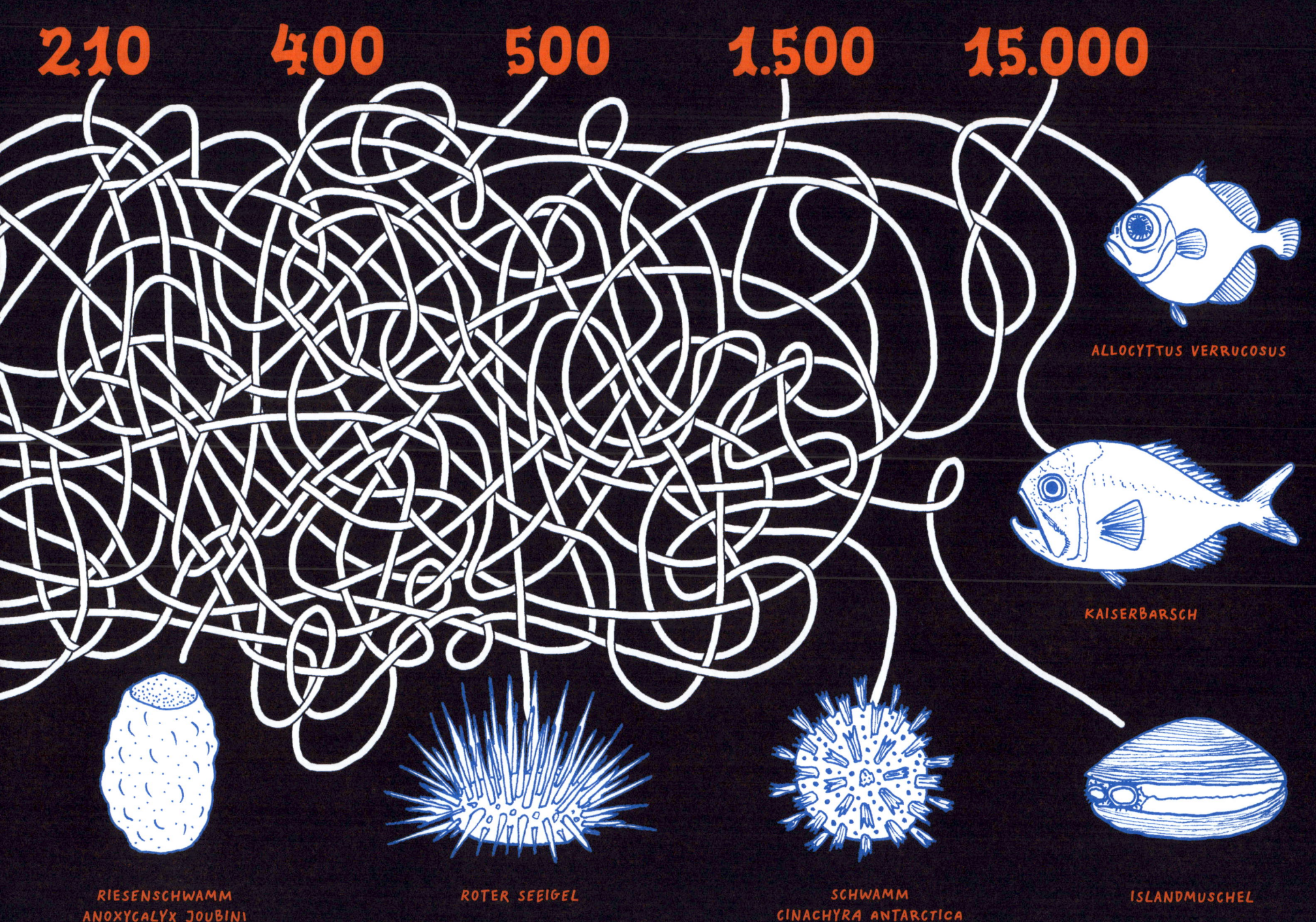

BAUE EIN U-BOOT.

DU BRAUCHST:
- EINE PLASTIKFLASCHE MIT TRINKVERSCHLUSS
- EINE SCHERE
- EIN MESSER
- KLEBEBAND
- MEHRERE STROHHALME
- KAUGUMMI
- EINEN MARKER ODER EINEN WASSERFESTEN FINELINER

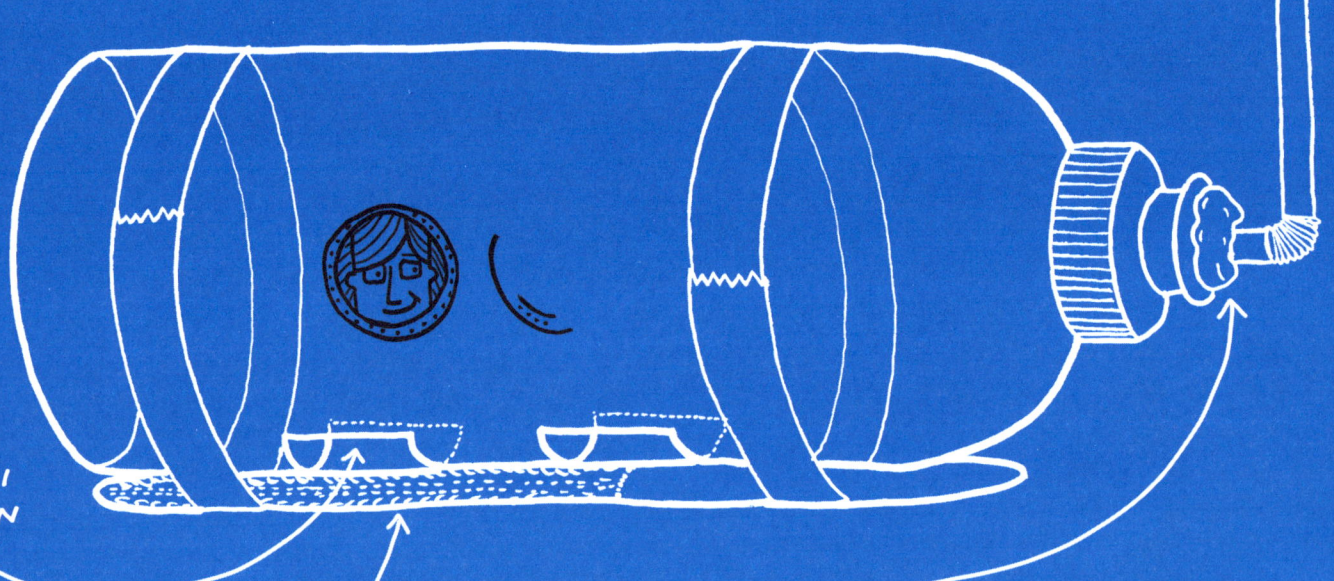

DRÜCKE EIN STROHHALMENDE ZUSAMMEN UND STECKE ES IN EINEN ANDEREN STROHHALM.

4. STECKE MEHRERE STROHHALME ZU EINEM LANGEN ROHR ZUSAMMEN.

1. SCHNEIDE ZWEI ÖFFNUNGEN IN DIE FLASCHE.

2. KLEBE GENAU DORT DAS MESSER MIT KLEBEBAND FEST (DAS IST DER BALLAST).

3. ÖFFNE DEN TRINKVERSCHLUSS UND STECKE EINEN STROHHALM HINEIN. DICHTE DIE VERBINDUNG MIT KAUGUMMI LUFTDICHT AB.

5. ZEICHNE MIT DEM MARKER EIN RUNDES FENSTER (ALSO EIN BULLAUGE), DIE BESATZUNG UND DIE KAPITÄNSKAJÜTE.

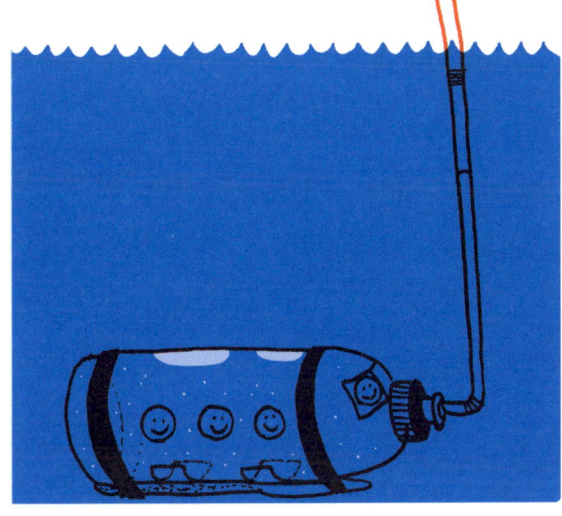

6. LEGE DAS U-BOOT IN EINE WANNE ODER IN EIN SPÜLBECKEN VOLLER WASSER UND WARTE, BIS ES LANGSAM AUF DEN GRUND GESUNKEN IST.

DIE LUFT HEBT DAS U-BOOT NACH OBEN.

7. BLASE LUFT IN DAS ROHR, DAMIT DAS U-BOOT WIEDER AUFTAUCHT. VERSUCHE DANN, ES UNGEFÄHR AUF HALBER TIEFE ZU HALTEN.

NATÜRLICH FÜLLT SICH EIN RICHTIGES U-BOOT NICHT KOMPLETT MIT WASSER – NUR SEINE BALLASTTANKS.

WENN DAS BOOT AUFTAUCHEN WILL, MUSS DAS WASSER HINAUSGEDRÜCKT WERDEN. DAS GESCHIEHT MIT LUFT, DIE IN DICKWANDIGEN TANKS KOMPRIMIERT IST.

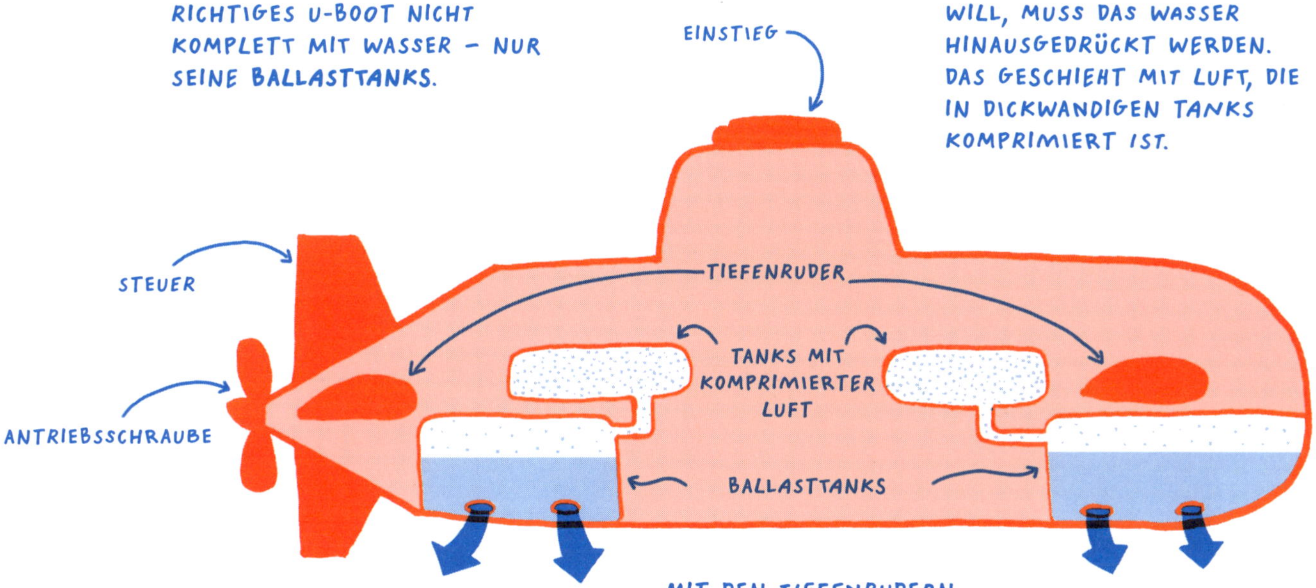

EINSTIEG
STEUER
TIEFENRUDER
TANKS MIT KOMPRIMIERTER LUFT
ANTRIEBSSCHRAUBE
BALLASTTANKS

MIT DEN TIEFENRUDERN KANN DAS BOOT IM WASSER NACH OBEN ODER UNTEN STEUERN. SIE FUNKTIONIEREN ÄHNLICH WIE DIE HÖHENRUDER EINES FLUGZEUGS ODER DIE BRUSTFLOSSEN EINES FISCHS.

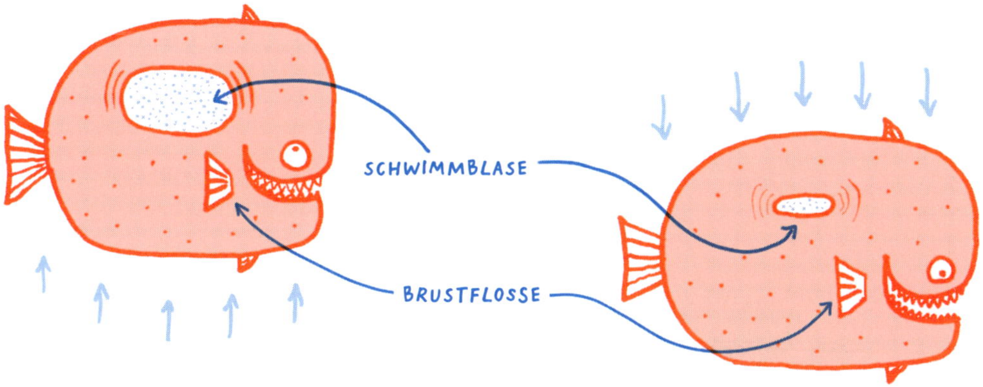

SCHWIMMBLASE
BRUSTFLOSSE

IN ÄHNLICHER WEISE VERÄNDERN AUCH FISCHE IHRE TIEFE. DIE MEISTEN HABEN DAFÜR EIN SPEZIELLES ORGAN, DIE SCHWIMMBLASE.

WENN EIN FISCH NACH OBEN SCHWIMMEN WILL, FÜLLT ER DIE SCHWIMMBLASE MIT LUFT. UM TIEFER ZU TAUCHEN, LÄSST ER DIE LUFT HERAUS.

NAME DES FAHRZEUGS	
ERFINDER	

AMPHIBIENFAHRZEUGE

KÖNNEN AN LAND FAHREN, ABER AUCH SCHWIMMEN. ENTWIRF EIN AMPHIBIENFAHRZEUG, MIT DEM DU UM DIE WELT FÄHRST.

IST ES SO GROSS, DASS MAN DARIN WOHNEN KANN? WELCHEN ANTRIEB HAT ES? WIE BEWEGT ES SICH AN LAND UND IM WASSER? KANN ES UNTER- UND WIE WIEDER AUFTAUCHEN?

HERSTELLUNGSJAHR	
ANZAHL DER SITZPLÄTZE	
EIGENGEWICHT OHNE LADUNG	
HÖCHSTGESCHWINDIGKEIT	

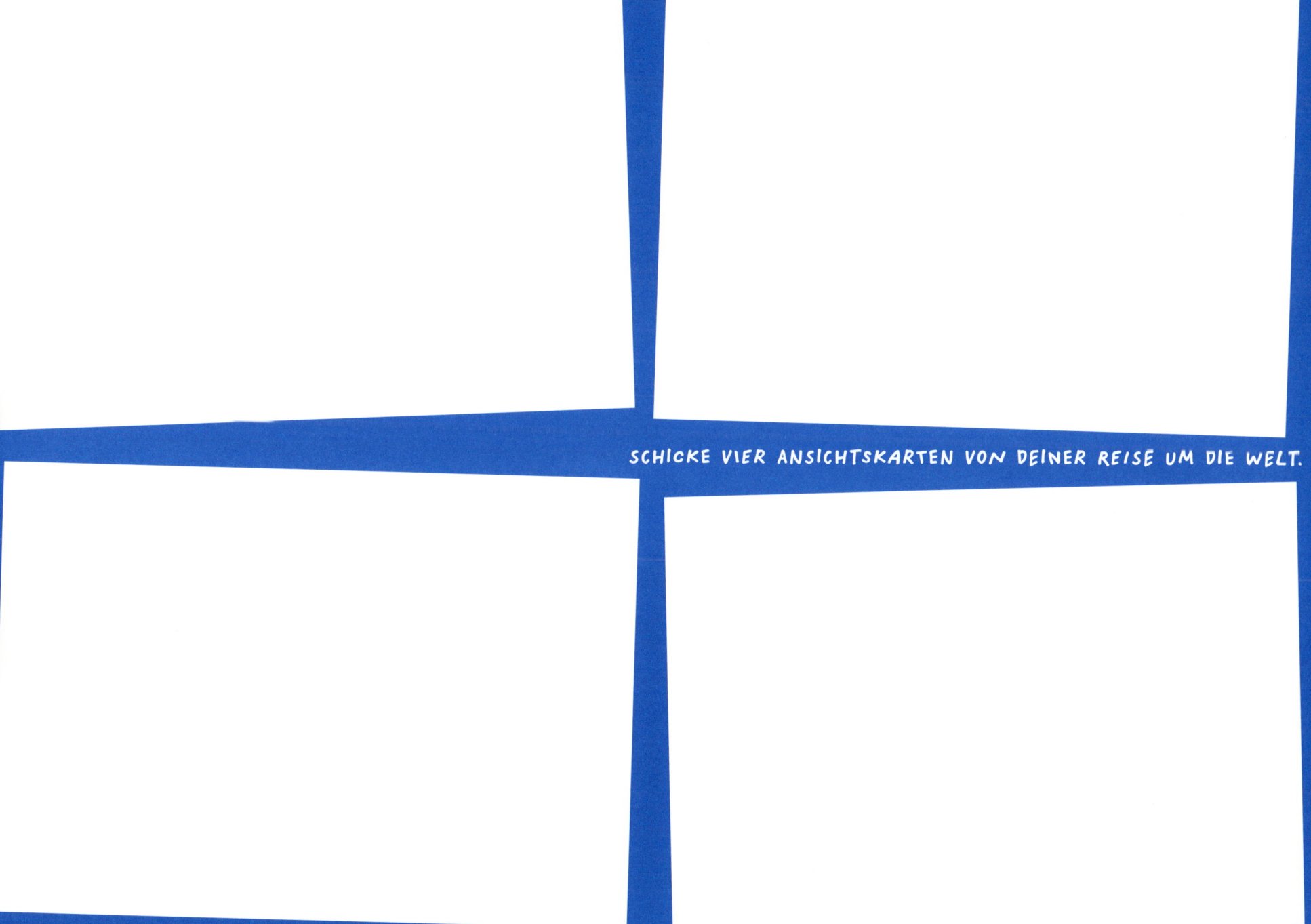

SCHICKE VIER ANSICHTSKARTEN VON DEINER REISE UM DIE WELT.

UNTERWASSER-ROBOTER

KÖNNEN VIELE VERSCHIEDENE AUFGABEN ERLEDIGEN. DIES IST DAS BILD EINER KAMERA, DIE EINEN ROBOTER BEI SEINER ARBEIT FILMT. WAS KÖNNTE ER NOCH MACHEN? DENK DIR WEITERE WERKZEUGE FÜR IHN AUS. ZEICHNE SIE AUF EIN SEPARATES BLATT, SCHNEIDE SIE AUS UND KLEBE SIE INS BUCH.

UNTERWASSERROBOTER WERDEN GEBRAUCHT, UM DAS WASSER SOWIE MEERESTIERE UND -PFLANZEN ZU UNTERSUCHEN, UM DEN MEERESGRUND UND DIE STRÖMUNGEN ZU ERFORSCHEN ODER UM WRACKS UND HÖHLEN UNTER WASSER ZU ERKUNDEN. ABER SIE ERLEDIGEN AUCH TECHNISCHE ARBEITEN. SIE KONTROLLIEREN DEN ZUSTAND VON UNTERWASSERBAUWERKEN, ZUM BEISPIEL BOHRINSELN. SELBST MINEN KÖNNEN SIE ENTSCHÄRFEN.

HYDROFON (UNTERWASSERMIKROFON)

GREIFARM MIT NETZ, UM TIERE UND PFLANZEN VOM GRUND AUFZUSAMMELN.

SAUGER, UM PLANKTON EINZUSAUGEN

VIELE VON IHNEN ARBEITEN SELBSTSTÄNDIG: MAN
MUSS SIE NUR PROGRAMMIEREN, DANN KÖNNEN
SIE IHRE AUFGABEN SELBST AUSFÜHREN. ANDERE,
SO WIE DIESER, SIND DURCH KABEL UND SEILE
MIT SCHIFFEN VERBUNDEN UND WERDEN VON
WISSENSCHAFTLERN GESTEUERT, DIE IHRE ARBEIT
ÜBER KAMERAS ÜBERWACHEN.

REC○

DIE SEEKATZE HOFFT, AUF DEM RIFF KREBSTIERE ZUM ABENDESSEN ZU FINDEN. ENTTÄUSCHE SIE NICHT!

IN DEN KALTEN, DUNKLEN TIEFEN DER MEERE LEBEN

KALTWASSER-KORALLEN.

SIE WERDEN IHRER SCHÖNEN FARBEN WEGEN AUCH BLUMENTIERE GENANNT.
NIMM EINEN WEISSEN BUNTSTIFT ODER TIPP-EX UND ZEICHNE MIT GESCHLOSSENEN AUGEN EIN KORALLENRIFF, DAS VOLL IST VON MERKWÜRDIGEN FISCHEN, HUMMERN, GARNELEN UND KRABBEN. TINTENFISCHE, SEESTERNE, SEEIGEL, SEEANEMONEN, SEESCHNECKEN UND SEESPINNEN DÜRFEN AUCH NICHT FEHLEN.

PARAGORGIA ARBOREA IST EIN KORALLENTIER, DAS AUSSIEHT, ALS WÄRE ES MIT ROSA KAUGUMMI BEKLEBT. DESHALB NENNEN ES DIE ENGLÄNDER "BUBBLEGUM CORAL".

DEM FEDERSTERN, EINER SEELILIENART, SCHMECKT PLANKTON AM BESTEN.

KALTWASSERKORALLEN, AUCH TIEFSEEKORALLEN GENANNT, LEBEN IN TIEFEN VON 40 BIS 3.000 METERN AUF DEM GRUND DER OZEANE. DORT IST ES VOLLKOMMEN DUNKEL UND BEI WASSERTEMPERATUREN ZWISCHEN 13°C UND 4°C SEHR KALT.

WEIL ES SO TIEF UNTEN KEIN LICHT MEHR GIBT, EXISTIEREN DORT AUCH KEINE ALGEN MEHR, VON DENEN SICH DIE KORALLENTIERE ERNÄHREN KÖNNEN. SIE FRESSEN DARUM VOR ALLEM ZOOPLANKTON UND LEBEN IN REGIONEN MIT STARKER STRÖMUNG, WO PLANKTON IN GROSSEN MENGEN VORKOMMT.

AUF DEN RIFFEN DER KALTWASSERKORALLEN LEBEN HUNDERTE VERSCHIEDENE TIERE, VON DENEN VIELE NOCH GAR NICHT ENTDECKT WURDEN.

EIN TINTENFISCH SITZT AUF SEINEN EIERN.

ENTDECKE NEUES LEBEN

IN DER NÄHE DER HYDROTHERMALEN SCHLOTE.

NIMM EINE ALTE ZAHNBÜRSTE UND BESPRITZE DIESE BEIDEN BUCHSEITEN MIT VERSCHIEDENEN FARBEN (DIE SPRITZER SYMBOLISIEREN DIE VERSCHIEDENEN CHEMISCHEN ELEMENTE). SCHAU DIR DIE ENTSTANDENE TEILCHENWOLKE AN. VERBINDE DIE PUNKTE ZU FORMEN, DIE AN LEBENDE ORGANISMEN ERINNERN. WAS SIND ES? BAKTERIEN? PFLANZEN? ODER TIERE?

HYDROTHERMALE SCHLOTE, AUCH SCHWARZE RAUCHER GENANNT, ENTSTEHEN AN STELLEN MIT DÜNNER ERDKRUSTE, VOR ALLEM IN DEN TIEFEN GRABENBRÜCHEN, WO TEKTONISCHE PLATTEN SICH BERÜHREN.

WASSER FLIESST IN DIE SPALTE.

HEISSES WASSER TRITT AUS DEM SCHLOT AUS. EIN TEIL DER CHEMISCHEN VERBINDUNGEN AUS DEM FELS LAGERT SICH AM AUSGANG AB. SO WÄCHST DER SCHLOT STÄNDIG WEITER.

KOCHENDES MAGMA ERHITZT DEN FELS VON UNTEN.

DER FELS ERHITZT DAS WASSER. DAS WASSER SPÜLT CHEMISCHE VERBINDUNGEN AUS DEM FELS HERAUS.

HYDROTHERMALE SCHLOTE WACHSEN MIT EINER GESCHWINDIGKEIT VON EINIGEN ZENTIMETERN BIS METERN PRO JAHR!

DIE GRÖSSTEN MEERESSCHLOTE, DIE MAN BISHER GEFUNDEN HAT, SIND BIS ZU 60 METER HOCH.

TIEFSEEFISCHE

SEHEN AUS WIE UNGEHEUER. GERADE HAST DU EINEN ENTDECKT, VON DEM KEIN WISSENSCHAFTLER JE ETWAS GEHÖRT HAT: REIBE DAFÜR DIE SEITE GEGENÜBER MIT WACHS EIN UND MALE SIE MIT SCHWARZER PLAKATFARBE AN, IN DIE DU EIN PAAR TROPFEN SPÜLMITTEL GEMISCHT HAST. KRATZE, SOBALD DIE FARBE TROCKEN IST, MIT EINEM ZAHNSTOCHER EIN BILD DEINES FISCHS HINEIN UND GIB IHM EINEN PASSENDEN NAMEN.

DEN GRÖSSTEN TEIL ALLER TIEFSEEFISCHE KENNEN WIR MENSCHEN NOCH NICHT.

HEILBUTT

TIEFSEE-ANGLERFISCH

GESTREIFTER SEEWOLF

ELEFANTENNASENCHIMÄRE

SEETEUFEL

IN DER FINSTERNIS TIEF UNTEN IN DEN OZEANEN
LEBEN DIE UNTERSCHIEDLICHSTEN

LEUCHTTIERE.

LEGE EIN HANDTUCH UNTER DIESE UND DIE NÄCHSTE SEITE UND DURCHLÖCHERE DIE TIERE MIT EINER NADEL. LÖSCHE DAS LICHT UND BELEUCHTE DIE SEITEN VON HINTEN MIT EINER TASCHENLAMPE. DANN SIEHST DU, WIE SOLCHE TIEFSEEBEWOHNER IN DER DUNKELHEIT LEUCHTEN.

DAS SONNENLICHT GELANGT BIS IN ETWA 1.000 METER TIEFE. DARUNTER HERRSCHEN EMPFINDLICHE KÄLTE UND UNDURCHDRINGLICHE DUNKELHEIT. TROTZ ALLEM GIBT ES AUCH DORT NOCH LEBEN.

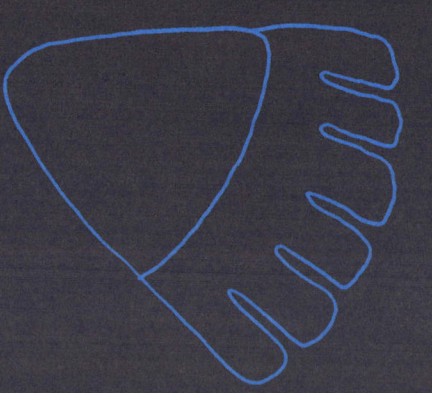

DIE FÄHIGKEIT MANCHER LEBENDER ORGANISMEN, ZU LEUCHTEN, NENNT MAN BIOLUMINESZENZ.

VIELE TIEFSEETIERE NUTZEN SIE, UM MIT PARTNERN ZU KOMMUNIZIEREN. SIE LOCKEN DAMIT ABER AUCH BEUTE AN, FÜHREN IHRE FRESSFEINDE IN DIE IRRE ODER RUFEN UNTERSTÜTZUNG HERBEI.

TIEFE IN METERN →

DAS GRÖSSTE SCHIFF DER WELT

1.000 — AB ETWA 1.000 METERN TIEFE GIBT ES KEIN SONNENLICHT MEHR. DORT HERRSCHT ABSOLUTE DUNKELHEIT.

2.000

3.000

4.000

5.000

SCHNEIDE DIE BILDER AUS DER GEGENÜBERLIEGENDEN SEITE AUS UND KLEBE SIE AUF DIESER UND DER NÄCHSTEN SEITE AUF DIE ENTSPRECHENDE TIEFE

UNTER DER MEERESOBERFLÄCHE.

8.850

DIE TIEFE, IN DIE DER AUF DEN KOPF GESTELLTE MOUNT EVEREST REICHEN WÜRDE

8.143

MAXIMALE TIEFE, IN DER EIN FISCH GEFILMT WURDE (DAS WAR EIN NOCH NAMENLOSER FISCH AUS DER FAMILIE DER SCHEIBENBÄUCHE)

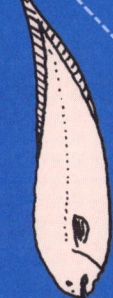

8.370

REKORDTIEFE, IN DER EIN FISCH GEFANGEN WURDE (EIN VERTRETER DER GATTUNG ABYSSOBROTULA GALATHEAE)

7.000

MAXIMALE TIEFE, IN DER DER MEHR ALS 30 CM LANGE FLOHKREBS ALICELLA GIGANTEA LEBEN KANN

332

IM JAHR 2014 ERREICHTE DER ÄGYPTER AHMED GABR DIESE REKORDTAUCHTIEFE MIT TAUCHERAUSRÜSTUNG.

3.688

DURCHSCHNITTLICHE TIEFE DES OZEANS

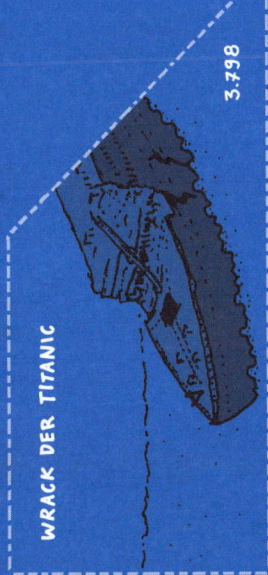

3.798

WRACK DER TITANIC

2.992

DIE MAXIMALE TIEFE, IN DIE DER CUVIER-SCHNABELWAL TAUCHEN KANN. ER IST DER BESTE TAUCHER UNTER DEN SÄUGETIEREN.

459

DAS LANDSORTTIEF, DER TIEFSTE PUNKT DER OSTSEE

4.500

MAXIMALE TAUCHTIEFE VON ALVIN, EINEM DER BERÜHMTESTEN BEMANNTEN TIEFSEE-U-BOOTE (NACH DER GEPLANTEN WEITERENTWICKLUNG SOLL ES EINE TAUCHTIEFE VON 6.500 METERN ERREICHEN)

7.062

MAXIMALE TAUCHTIEFE DES BEMANNTEN CHINESISCHEN FORSCHUNGSBOOTS JIAOLONG

10.898

REKORDTIEFE, DIE JAMES CAMERON MIT DEM U-BOOT DEEPSEE CHALLENGER WÄHREND EINER EXPEDITION ZUM CHALLENGERTIEF IM JAHRE 2012 ERREICHT HAT

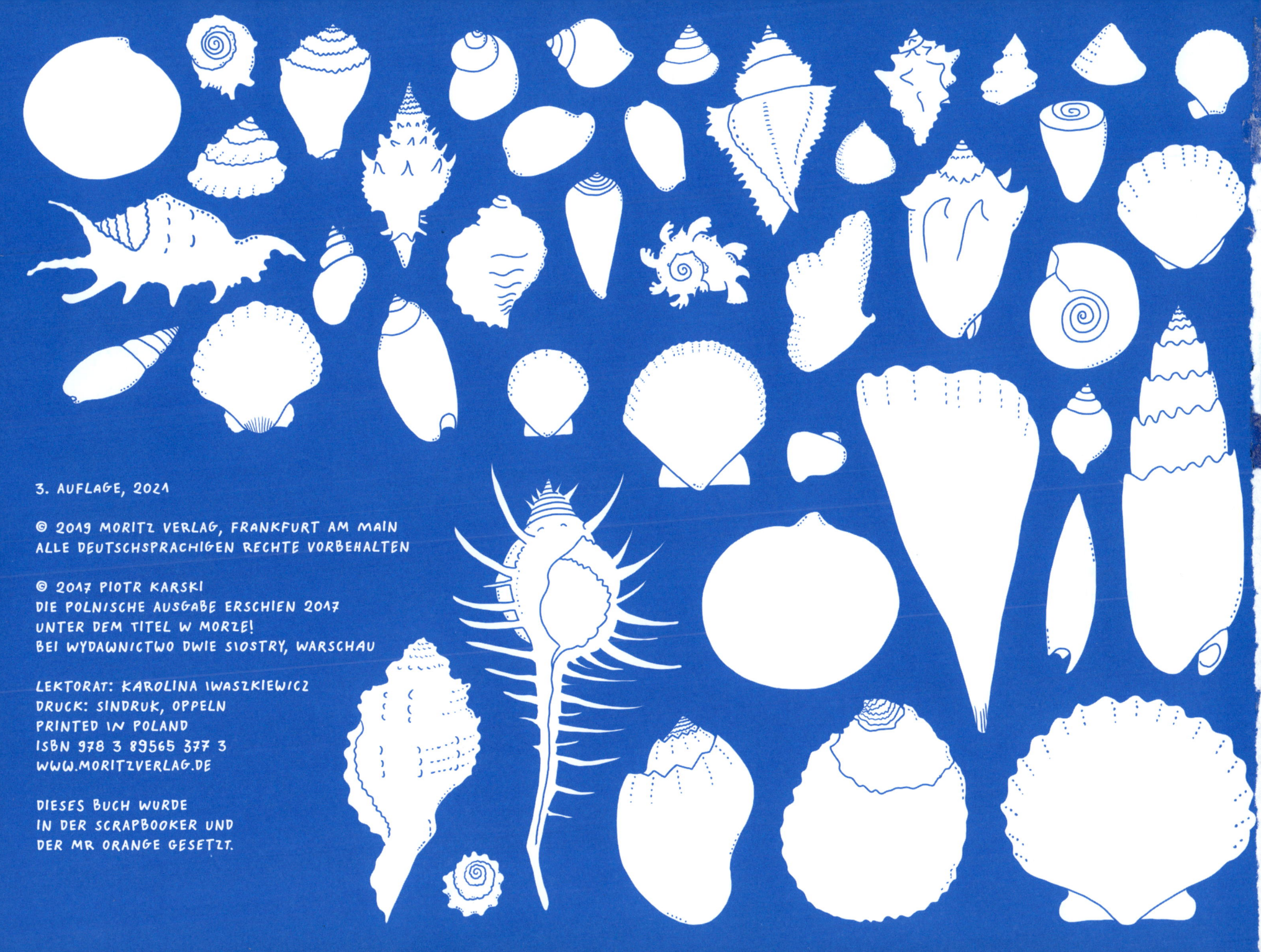

3. AUFLAGE, 2021

© 2019 MORITZ VERLAG, FRANKFURT AM MAIN
ALLE DEUTSCHSPRACHIGEN RECHTE VORBEHALTEN

© 2017 PIOTR KARSKI
DIE POLNISCHE AUSGABE ERSCHIEN 2017
UNTER DEM TITEL W MORZE!
BEI WYDAWNICTWO DWIE SIOSTRY, WARSCHAU

LEKTORAT: KAROLINA IWASZKIEWICZ
DRUCK: SINDRUK, OPPELN
PRINTED IN POLAND
ISBN 978 3 89565 377 3
WWW.MORITZVERLAG.DE

DIESES BUCH WURDE
IN DER SCRAPBOOKER UND
DER MR ORANGE GESETZT.

6.000
7.000
8.000
9.000
10.000
11.000

DER MARIANENGRABEN IST DER TIEFSTE MEERESGRABEN, DEN MAN AUF DER WELT ENTDECKT HAT; ER BEFINDET SICH IM WESTPAZIFIK UND IST 2.500 KILOMETER LANG

10.984

DAS CHALLENGERTIEF IST DER TIEFSTE BEKANNTE PUNKT DER ERDE